T0197063

essentials liefern aktuelles Wissen in konzentrierter Form. Die Essenz dessen, worauf es als „State-of-the-Art" in der gegenwärtigen Fachdiskussion oder in der Praxis ankommt. *essentials* informieren schnell, unkompliziert und verständlich

- als Einführung in ein aktuelles Thema aus Ihrem Fachgebiet
- als Einstieg in ein für Sie noch unbekanntes Themenfeld
- als Einblick, um zum Thema mitreden zu können

Die Bücher in elektronischer und gedruckter Form bringen das Fachwissen von Springerautor*innen kompakt zur Darstellung. Sie sind besonders für die Nutzung als eBook auf Tablet-PCs, eBook-Readern und Smartphones geeignet. *essentials* sind Wissensbausteine aus den Wirtschafts-, Sozial- und Geisteswissenschaften, aus Technik und Naturwissenschaften sowie aus Medizin, Psychologie und Gesundheitsberufen. Von renommierten Autor*innen aller Springer-Verlagsmarken.

Andrea Hausmann · Lena Zischler

Mitarbeiterbefragungen in Kulturbetrieben – Planung, Durchführung und Folgeprozesse

Praxis Kulturmanagement

 Springer VS

Andrea Hausmann
Institut für Kulturmanagement
Pädagogische Hochschule Ludwigsburg
Ludwigsburg, Deutschland

Lena Zischler
Institut für Kulturmanagement
Pädagogische Hochschule Ludwigsburg
Ludwigsburg, Deutschland

ISSN 2197-6708   ISSN 2197-6716 (electronic)
essentials
ISBN 978-3-658-38013-7   ISBN 978-3-658-38014-4 (eBook)
https://doi.org/10.1007/978-3-658-38014-4

Die Deutsche Nationalbibliothek verzeichnet diese Publikation in der Deutschen Nationalbiblio-
grafie; detaillierte bibliografische Daten sind im Internet über http://dnb.d-nb.de abrufbar.

Planung/Lektorat: Dr. Cori Antonia Mackrodt
Springer VS ist ein Imprint der eingetragenen Gesellschaft Springer Fachmedien Wiesbaden GmbH
und ist ein Teil von Springer Nature.
Die Anschrift der Gesellschaft ist: Abraham-Lincoln-Str. 46, 65189 Wiesbaden, Germany

Was Sie in diesem *essential* finden können

- Einführung in den Begriff und die Besonderheiten von Mitarbeiterbefragungen in Kulturbetrieben
- Prägnante Darstellung der Formen und Methoden von Mitarbeiterbefragungen
- Erläuterung der wichtigsten Interessengruppen und Akteure von Mitarbeiterbefragungen
- Überblick über die Verwendung von Mitarbeiterbefragungen im Rahmen von Organisationsentwicklung
- Praxisorientierte und kenntnisreiche Beschreibung der einzelnen Prozessphasen (inklusive konkreter Empfehlungen und Gestaltungsleitfäden)
- Fundierte Hinweise zur Mitarbeiter- und Führungskräftebeteiligung

Inhaltsverzeichnis

Theoretischer Rahmen

1

1.1 Status quo, Begriff und Ziele

Mitarbeiterbefragungen werden in vielen Wirtschaftsbereichen bereits seit langem erfolgreich eingesetzt. Auch Kulturbetriebe interessieren sich seit Kurzem verstärkt für das Tool, seit in diesem Sektor Themen wie Mitarbeiterbeteiligung und Arbeitszufriedenheit an Bedeutung gewinnen. Dies ist eine positive Entwicklung, da Mitarbeiterbefragungen Kulturbetrieben viele wertvolle Impulse geben können. Mitarbeiterbefragungen, systematisch geplant und nachhaltig eingesetzt, können Entwicklungsbedarfe der Organisation und ihrer Beschäftigten aufzeigen, Verbesserungspotenziale identifizieren und sich positiv auf die Arbeitszufriedenheit auswirken. Vor allem in Kulturbetrieben, die in der Regel besonders personalintensiv sind und wo die Beschäftigten direkten Einfluss auf die Leistungserstellung haben, bietet das Instrument vielfältige Chancen.

Um eine positive Wirkung zu erzielen, müssen Mitarbeiterbefragungen sorgfältig geplant und professionell durchgeführt werden. Bislang ist allerdings noch wenig darüber bekannt, wie Mitarbeiterbefragungen konkret in Kulturbetrieben ablaufen und welche Herausforderungen hier bestehen. Gleichzeitig sollten Mitarbeiterbefragungen als betriebswirtschaftliche Instrumente nicht unreflektiert auf Organisationen mit künstlerisch-kreativen bzw. inhaltlichen Prozessen und Leistungen übertragen werden. Vielmehr ist es wichtig, dass die für eine Befragung verantwortlichen Personen die spezifischen Besonderheiten von Kulturorganisationen wie etwa die hohe Heterogenität der Personalstrukturen kennen und berücksichtigen.

Vor diesem Hintergrund möchten wir mit dem vorliegenden *essential* eine Orientierungshilfe geben und kompakt und praxisnah vermitteln, wie Mitarbeiterbefragungen in Kulturbetrieben erfolgreich konzipiert, durchgeführt und

A. Hausmann und L. Zischler, *Mitarbeiterbefragungen in Kulturbetrieben – Planung, Durchführung und Folgeprozesse,* essentials, https://doi.org/10.1007/978-3-658-38014-4_1

1

ausgewertet werden können. Hierzu wurde ein komprimierter Leitfaden für alle Beschäftigten im Kulturbetrieb erstellt, der schrittweise erklärt, wie Mitarbeiterbefragungen umgesetzt werden können. Ein besonderer Fokus liegt auf dem Veränderungspotenzial von Mitarbeiterbefragungen und der Partizipation der Beschäftigten.

Mit Blick auf die Begriffsklärung lässt sich festhalten, dass sich in Theorie und Praxis viele unterschiedliche Definitionen des Begriffs *Mitarbeiterbefragung* finden. Das liegt vor allem daran, dass die Beschreibungen häufig aus vielen einzelnen Aspekten bestehen, die sich jedoch hauptsächlich durch ihre Gewichtung und Präzision voneinander unterscheiden (Müller et al. 2007a, S. 6). Ganz allgemein verstehen wir unter einer Mitarbeiterbefragung die systematische Befragung der Beschäftigten zu arbeitsbezogenen Themen. In der Praxis werden Mitarbeiterbefragungen in der Regel

* auf freiwilliger Basis,
* anonym,
* schriftlich mit einem (teil-)standardisierten Fragebogen und
* mit allen Beschäftigten oder einer bestimmten Teilmenge durchgeführt (u. a. Domsch & Ladwig 2013, S. 11 f.; Pierenkemper 2016, S. 4; Bungard 2018, S. 175).

Grundsätzliches *Ziel* von Mitarbeiterbefragungen im Kulturbetrieb ist die systematische Erhebung von Einstellungen, Zufriedenheit, Wünschen oder Erwartungen der Beschäftigten (Müller et al. 2007a, S. 6). Die erfassten Ergebnisse bieten die Chance,

* Verbesserungspotenziale zu identifizieren,
* die Organisation (d. h. ihre Prozesse, Abläufe, Kultur) weiterzuentwickeln und
* im Dialog zwischen Geschäftsführung, Führungskräften und Beschäftigten die Ursachen möglicher Defizite zu klären und gemeinsam konkrete Maßnahmen zur Veränderung zu entwickeln.

Abhängig davon können noch weitere spezifische Ziele verfolgt werden, die so vielfältig sein können, wie es auch Kultureinrichtungen sind. Neben den übergeordneten Zielen können Mitarbeiterbefragungen z. B. Folgendes konkret erreichen (u. a. Domsch & Ladwig 2013, S. 12 ff.; Pierenkemper 2016, S. 4):

- *Durchführung einer Bestandsaufnahme/Ist-Analyse:* Die Ergebnisse der Mitarbeiterbefragung spiegeln die aktuelle Stimmung im Kulturbetrieb wider. Sie zeigen, an welcher Stelle es gut läuft, aber auch, inwiefern die Beschäftigten unzufrieden sind und warum.
- *Implementierung eines Frühwarn-/Kontrollsystems:* Werden Mitarbeiterbefragungen regelmäßig durchgeführt (z. B. alle 2–3 Jahre), können zum einen negative Entwicklungen frühzeitig erkannt werden. Zum anderen kann kontrolliert werden, inwiefern umgesetzte Maßnahmen eine Veränderung bewirkt haben.
- *Verbesserung der internen Kommunikation:* Mit einer Mitarbeiterbefragung kann die interne Kommunikation nicht nur auf ihre Effizienz überprüft werden. Durch das Einholen von Feedback und die Besprechung der Ergebnisse wird ebenso der Dialog zwischen den unterschiedlichen Hierarchieebenen angeregt.
- *Verbesserung des Personalmanagements:* Die Befragungsergebnisse können Bedürfnisse und Wünsche der Mitarbeiter/innen aufzeigen, etwa in den Bereichen Personalentwicklung und Führung. Zusätzlich können Umfragen Teil von strategischen Personalmaßnahmen sein (z. B. Employer Branding).
- *Stärkung der Mitarbeiterbeteiligung, -loyalität und -motivation:* Die Durchführung einer Mitarbeiterbefragung ist ein Zeichen der Geschäftsführung, dass sie die Belange und Meinungen der Beschäftigten ernst nimmt. Wird die Befragung mit aufrichtigem Interesse am Feedback der Belegschaft durchgeführt und mit den Ergebnissen wertschätzend umgegangen, kann dies die Loyalität und Motivation der Beschäftigten positiv beeinflussen.

1.2 Formen und Methoden

In der Literatur findet sich eine Vielzahl unterschiedlicher Formen und Methoden, mithilfe derer eine Mitarbeiterbefragung durchgeführt werden kann (u. a. Domsch & Ladwig 2013, S. 14 f.). Nachfolgend werden die für die Kulturbetriebspraxis wichtigsten Typen vorgestellt und deren Vor- und Nachteile näher erläutert (hierzu Hausmann 2022a).

Mündliche und schriftliche Befragungen
Grundsätzlich ist es möglich, die Mitarbeiter/innen eines Kulturbetriebs

- *mündlich* (Interviews oder Fokusgruppen) oder
- *schriftlich* (via Papier- oder Online-Fragebögen) zu befragen.

In der Praxis hat sich dabei die schriftliche Befragung durchgesetzt, da sie einige zentrale Vorteile bietet:

- Aufgrund der vergleichsweise niedrigeren Kosten und des geringeren Zeitaufwands können alle Mitarbeiter/innen des Kulturbetriebs in die Befragung einbezogen werden.
- Dadurch kann eine größere Datenmenge generiert werden, wodurch auch der Informationsgehalt steigt.
- Die Befragung bzw. der Fragebogen kann leichter standardisiert werden (Mix aus geschlossenen und ggf. offenen Fragen), die Daten können somit besser miteinander verglichen werden.
- Die Anonymität kann leichter gewährleistet werden (dies erhöht in der Regel die Beteiligung an der Befragung und führt im besten Fall zu offeneren und ehrlicheren Antworten).

Nichtsdestotrotz kann es sinnvoll sein, Interviews im Vorfeld oder im Nachgang einer schriftlichen Mitarbeiterbefragung einzusetzen:

- In der *Vorbereitungsphase* helfen sie vor allem externen Berater/innen, den Kulturbetrieb und seine Beschäftigten näher kennenzulernen und erste Ideen und Richtungen für die Mitarbeiterbefragung zu sammeln. Interviews, die in diesem Kontext stattfinden, sollten sehr sorgfältig geplant und sensibel kommuniziert werden: Da nur eine Auswahl von Mitarbeiter/innen und Führungskräften befragt werden kann, besteht die Gefahr, dass sich die nicht-befragten Beschäftigten eines Kulturbetriebs zurückgesetzt fühlen.
- Bei Bedarf können auch nach der schriftlichen Befragung Interviews geführt werden (*Follow-up-Phase*); etwa dann, wenn die Gründe für bestimmte Ergebnisse näher untersucht werden sollen.

Online- und Offline-Befragungen

Schriftliche Mitarbeiterbefragungen können sowohl *off-* als auch *online* durchgeführt werden. Beide Varianten haben Vor- und Nachteile, die im Folgenden skizziert werden (Hausmann 2022a; siehe auch Pierenkemper 2016, S. 9 f.).

1. *Paper-Pencil-Befragungen*

Klassische Papierfragebögen können den Beschäftigten relativ einfach und ohne technische Hilfsmittel zugänglich gemacht werden (z. B. über die Hauspost, durch Einberufung einer Betriebsversammlung). Es sollte jedoch bedacht werden, dass der organisatorische Aufwand für Druck und Austeilung der Fragebögen im Vorfeld hoch sein kann und diese Befragungsvariante insgesamt ressourcen- und kostenintensiv ist.

Nach der Bearbeitung werden die ausgefüllten Fragebögen von den Beschäftigten für gewöhnlich in dafür aufgestellte Boxen eingeworfen (z. B. am Eingang der Kantine/Cafeteria, Aufenthaltsraum, Büro des Personal-/Betriebsrats) oder per vorfrankiertem Umschlag an einen externen Dienstleister, der für die Befragung zuständig ist, geschickt. Wichtig ist dabei, das Ausfüllen und die Abgabe der Fragebögen so anonym wie möglich zu gestalten, damit sich die Teilnehmer/innen dabei nicht von anderen Beschäftigten beobachtet und kontrolliert fühlen.

Am Ende des Erhebungszeitraums werden die Fragebögen ausgewertet. Da die Daten für die weitere Analyse digital vorliegen müssen, werden die Antworten für gewöhnlich händisch eingegeben oder eingescannt, was nicht nur arbeitsintensiv ist, sondern auch die Fehleranfälligkeit erhöht.

2. *Online-Befragungen*

Online-Umfragen werden entweder über das Intranet oder, wenn der Kulturbetrieb über kein internes Netzwerk verfügt, über das Internet durchgeführt. Im Gegensatz zu Besucherbefragungen ist es mittlerweile Standard, Mitarbeiterbefragungen online durchzuführen. Onlinebefragungen werden für gewöhnlich *anonym* oder *personalisiert* durchgeführt (Wagner-Schelewsky & Hering 2019, S. 793). Bei einer anonymen Befragung wird ein *allgemeiner* Link verwendet, der für alle Beteiligten gleich aussieht und dadurch das Vertrauen in die Anonymität der Befragung erhöhen kann. Der allgemeine Link kann im Intranet oder als QR-Code geteilt werden, was den Vorteil hat, dass auch Mitarbeiter/innen ohne eigene E-Mail-Adresse oder mit geringer Medienkompetenz an der Befragung teilnehmen können. Der Nachteil von allgemeinen Links liegt darin, dass eine Mehrfachteilnahme nicht ausgeschlossen werden kann. Dies kann dazu führen, dass in Häusern mit hohem Konfliktpotenzial manche Mitarbeiter/innen die Aussagekraft der Ergebnisse infrage stellen werden.

Bei einer personalisierten Befragung sind die zu befragenden Personen vorab bekannt. In der Regel erhalten sie einen *individuellen* Link mit einem integrierten Code, der nur einmal genutzt werden kann. Um an der Befragung teilzunehmen, benötigt jede Person eine eigene aktive E-Mail-Adresse (Müller et al. 2021, S. 70). Diese personenbezogenen Daten werden hierfür in die Befragungssoftware hochgeladen. Individuelle Links können die Teilnehmer/innen abschrecken, an der Befragung teilzunehmen oder offen zu antworten – auch wenn ihre Anonymität technisch gesichert ist (z. B. indem E-Mail-Adressen, Links und beantwortete Fragebögen getrennt voneinander gespeichert werden). Da durch individuelle Links

Mehrfachteilnahmen sicher ausgeschlossenen werden können, werden sie häufig im Rahmen von Mitarbeiterbefragungen empfohlen, sofern hierzu die technischen Voraussetzungen gegeben sind (Thielsch & Weltzin 2013, S. 88).

Unabhängig von der Art des Links wird der Fragebogen von den Teilnehmer/innen auf IP-Netzwerk-basierten Geräten wie Computern, Smartphones oder Tablets ausgefüllt. Die eingegebenen Antworten werden dabei direkt auf den Servern gespeichert und können entweder sofort mit einer speziellen Befragungssoftware ausgewertet oder zur weiteren Verarbeitung in ein statistisches Datenverarbeitungsprogramm (z. B. SPSS) exportiert werden. Bei Mitarbeiterbefragungen spielt die Datensicherheit und die Anonymität der Teilnehmer/innen eine große Rolle. Alle Server sollten daher durch die neuesten Sicherheitstechnologien geschützt sein. Darüber hinaus ist es ratsam, Daten nur temporär auf einem (externen) Server zu speichern und nach Ende der Befragung auf lokalen Speichermedien zu sichern. Die E-Mail-Adressen sollten immer verschlüsselt und getrennt von ihren Datensätzen gespeichert werden.

Online-Befragungen bieten zahlreiche *Vorteile:*

• Sie lassen sich schneller und kostengünstiger umsetzen; die erhobenen Daten sind unmittelbar verfügbar.
• Alle Frageformate, die in einem Papierfragebogen verwendet werden, können auch online umgesetzt werden.
• Darüber hinaus gibt es diverse Zusatzfunktionen, wie etwa die Einbindung von Multimedia-Elementen, interaktive Fragebogenelemente (z. B. Schieberegler, Fortschrittsbalken), Filterfragen (antwortabhängige Anzeige von Folgefragen) sowie Vollständigkeits- und Plausibilitätschecks, die die Datenqualität deutlich erhöhen.
• Zudem kann bei Online-Befragungen auch die Anonymität besser gewahrt werden. So ist es beispielsweise nicht möglich, Handschriften zu erkennen bzw. einem/r Mitarbeiter/in zuzuordnen.

Ob eine Online-Befragung die richtige Methode für einen Arbeitgeber im Kulturbereich ist, muss im Vorfeld ausgelotet werden. So ist insbesondere zu prüfen, ob die technischen Voraussetzungen erfüllt sind (Computerzugang für alle Mitarbeiter/innen, aktuelle Browser-Software). Dies kann für Kulturbetriebe eine Herausforderung darstellen, v. a. in jenen Arbeitsbereichen, in denen keine regelmäßige Computernutzung vorgesehen ist (z. B. Kasse, Garderobe, Technik, Hausmeisterservice etc.). Aber auch z. B. Musiker/innen sind beruflich häufig nicht auf die Nutzung von Computern angewiesen bzw. haben keinen PC-Arbeitsplatz, sodass auch hier für den einen oder anderen die notwendigen technischen Voraussetzungen geschaffen werden müssen (z. B. durch einen eigens dafür eingerichteten Büroraum, Ausgabe von Tablets etc.). Darüber hinaus erfordern Online-Befragungen von den Teilnehmer/innen technische Fähigkeiten. Damit Online-Befragungen im Kulturbetrieb akzeptiert werden, sollten im Vorfeld die technischen Unsicherheiten – v. a. von Mitarbeiter/innen ohne PC-Arbeitsplatz – bedacht und Datensicherheitsbedenken ausgeräumt werden.

Befragungsformen kombinieren?
In der Praxis kommt immer wieder die Frage auf, ob nicht Paper–Pencil- und Online-Befragung gemischt werden können, d. h. ein Teil der Beschäftigten beantwortet die Befragung online, während der andere Teil den Fragebogen auf Papier ausfüllt. Von dieser hybriden Form raten wir für gewöhnlich ab, da

- dieses komplexe Verfahren einen hohen Mehraufwand und weitere Kosten verursacht (z. B. durch das doppelte Layout einer Papier- und einer Onlineversion, durch die logistische Verteilung von Papierfragebögen und Befragungslink).
- bei den beiden Varianten nicht gewährleistet werden kann, dass alle Teilnehmer/innen den Fragebogen unter den gleichen Bedingungen ausfüllen. So ist es z. B. möglich, einen Papierfragebogen schnell zu überfliegen, während bei einem Onlinefragebogen die Mitarbeiter/innen bewusst gelenkt werden (etwa dadurch, dass nur eine Frage pro Seite angezeigt wird). Auch ist es nicht möglich, bestimmte Fragetypen (Filterfragen, Schieberegler etc.) auf Papier darzustellen.
- beim Zusammenführen der Daten zusätzliche Fehler entstehen können.

Voll- und Teilerhebungen
Neben der Auswahl des Mediums, mit denen die Daten erhoben werden, muss auch entschieden werden, welche Personen(-gruppen) im Kulturbetrieb in die Befragung einbezogen werden sollen. Grundsätzlich wird zwischen *Voll-* bzw. *Gesamterhebungen* und *Teilerhebungen* unterschieden. Während bei Vollerhebungen alle Mitarbeiter/innen eines Kulturbetriebs befragt werden, betreffen Teilerhebungen nur eine spezielle Gruppe (einzelne Abteilungen, alle Führungskräfte etc.) oder bestimmte Teilbereiche (z. B. einen bestimmten Standort, eine spezielle Sparte). Darüber hinaus ist es bei einer Teilerhebung auch möglich, nur eine repräsentative

Stichprobe an Beschäftigten zu befragen, deren Ergebnisse sich auf den gesamten Kulturbetrieb übertragen lassen. Im deutschsprachigen Raum werden überwiegend Vollerhebungen durchgeführt (Hossiep & Frieg 2008, S. 5), da diese wesentliche Vorteile gegenüber Teilerhebungen bieten:

- Vollerhebungen binden eine größere Anzahl an Beschäftigten ein, was wiederum deren Engagement in Folgeprozessen erhöht.
- Bei einer Stichprobe müssen die Ergebnisse auf alle Mitarbeiter/innen hochgerechnet werden; Vollerhebungen bieten eine höhere Genauigkeit der Daten.
- Daher stoßen die Ergebnisse von Vollerhebungen in der Regel bei den Beschäftigten auf eine höhere Akzeptanz, da sie die Ergebnisse als glaubwürdiger und weniger angreifbar wahrnehmen.
- Vollerhebungen ermöglichen einen besseren Überblick über die Situation im Kulturbetrieb, da sich die unterschiedlichen Abteilungen, Gruppen etc. besser miteinander vergleichen lassen.
- Zwar sinken die Kosten, wenn weniger Personen befragt und weniger Datensätze ausgewertet werden müssen. Jedoch dürfen bei einer Kalkulation auch die Kosten für eine repräsentative Zusammensetzung nicht unterschätzt werden, für die in der Regel Expert/innen hinzugezogen werden müssen.

Mindestteilnehmerzahl
In der Praxis stellt sich immer wieder die Frage, ab wie vielen Personen sich eine Mitarbeiterbefragung überhaupt „lohnt"? In der Literatur gibt es hierfür keine eindeutige Antwort, jedoch gilt grundsätzlich, dass die Anonymität der einzelnen Mitarbeiter/innen gewahrt werden muss. Vor allem kleineren Kulturbetrieben empfehlen wir daher, statt einer Mitarbeiterbefragung Formate wie Workshops oder Mitarbeitergespräche einzusetzen.

Umfassende und spezielle Mitarbeiterbefragungen
Ein weiteres Unterscheidungskriterium ist das jeweilige Thema der Befragung. Die Literatur differenziert dabei in *spezielle* Befragungen, die aufgrund spezifischer Probleme oder bestimmter Themen durchgeführt werden, und in *umfassende* Mitarbeiterbefragungen (Müller et al. 2007a, S. 12). Spezielle Mitarbeiterbefragungen sind verhältnismäßig kurz und beleuchten konkrete Aspekte vergleichsweise ausführlich. So interessiert viele Kulturbetriebe derzeit, wie die Mitarbeiter/innen im

Homeoffice und mit den Herausforderungen der mobilen Arbeit zurechtkommen. Häufig werden spezielle Befragungen aber auch *nach* einer umfassenden Mitarbeiterbefragung durchgeführt, bei der bestimmte Bereiche als verbesserungswürdig identifiziert wurden (Domsch & Ladwig 2013, S. 18). Umfassende Ansätze decken hingegen ein breites Spektrum an Themen ab und erheben viele Informationen. Diese Befragungsart eignet sich sowohl für Kulturbetriebe, die einen ersten generellen Überblick über die Lage in ihrer Organisation und bei ihren Beschäftigten erhalten möchten (z. B. allgemeine Arbeitszufriedenheit), als auch für Kulturbetriebe, die regelmäßig verschiedene Arbeitsbereiche und Themen untersuchen und evaluieren.

Spezialbefragungen im Kulturbetrieb

Spezialbefragungen helfen dabei, weiterführende Informationen zu einem bestimmten Thema zu erhalten, um auf Basis dessen fundierte Entscheidungen treffen zu können. So reagierte das Opernhaus Zürich im Frühjahr 2021 schnell auf ein Fernsehinterview, in dem ein/e Mitarbeiter/in des Hauses über Machtmissbrauch und Belästigung berichtete. In Abstimmung mit dem Personalrat führte die Einrichtung eine eigene Umfrage unter den Beschäftigten durch, um zu prüfen, ob die Wahrnehmungen und Aussagen der Einzelperson auch von einem größeren Teil der Belegschaft bestätigt würden. Ziel war es dabei herauszufinden, ob es am Haus systemische Missstände gibt und damit besser vorbereitet auf Presseanfragen reagieren zu können. An der anonymen Online-Befragung nahmen rund 83 % der Mitarbeiter/innen (649 Personen) teil. Nachdem u. a. erhoben wurde, dass mehr als ein Viertel der Beschäftigten angab, bereits Machtmissbrauch am Haus erlebt zu haben, entwickelte das Opernhaus Zürich weitere Präventionsmaßnahmen, um seine Arbeitnehmer/innen zu schützen (Berzins 2021a, b).

Abschließend soll darauf hingewiesen werden, dass in der Praxis mittlerweile überwiegend *(teil-)standardisierte Online-Befragungen* eingesetzt (Domsch & Ladwig 2013, S. 14) und hauptsächlich *Vollbefragungen* durchgeführt werden. Diese Tatsache bedeutet jedoch nicht, dass diese Befragungsform für jeden Kulturbetrieb die geeignetste ist. Grundsätzlich gilt, dass die konkrete Form der Mitarbeiterbefragung immer abhängig von den Strukturen und Prozessen, den Ressourcen, dem Know-How und den individuellen Zielen einer Kultureinrichtung gewählt werden sollte.

1.3   Interessengruppen und Beteiligung Externer

An einer Mitarbeiterbefragung sind in der Regel unterschiedliche Personengruppen beteiligt, deren Einzelinteressen, Bedürfnisse und Erwartungen sowie ggf. auch Zuständigkeiten möglichst früh erkannt und berücksichtigt werden sollten. Denn nur, wenn möglichst viele Beschäftigte die Mitarbeiterbefragung und den darauffolgenden Veränderungsprozess unterstützen, können derartige Projekte erfolgreich sein. Schon zu Beginn der Planungsphase (siehe Abschn. 2.1) ist es daher ratsam, eine systematische Bestandsaufnahme aller (potenziellen) Projekteilnehmer/innen und deren Rollen durchzuführen. Dabei ist es wichtig einflussreiche Personen zu identifizieren, die entweder als mögliche Promotor/innen fungieren oder das Projekt durch ihren Widerstand erschweren könnten. Nachfolgend werden einige zentrale Projektbeteiligte näher vorgestellt; im Fokus steht dabei die Rolle, welche die jeweiligen Personen im Befragungsprozess für gewöhnlich einnehmen (Hausmann 2022a).

Leitung des Kulturbetriebs
Die oberste Leitungsebene im Kulturbetrieb (Geschäftsführung, Direktion etc.) ist in der Regel der/die Initiator/in der Mitarbeiterbefragung. In seltenen Fällen kann es auch vorkommen, dass die Geschäftsführung, die von einer anderen Stelle (z. B. Personal-/Betriebsrat, Träger) gewünschte Erhebung genehmigt bzw. umsetzt. Der Erfolg der Mitarbeiterbefragung hängt, wie bei anderen Instrumenten der Organisationsentwicklung und des strategischen Personalmanagements auch, in jedem Fall maßgeblich davon ab, dass die oberste Hierarchieebene den Befragungsprozess unterstützt und die Ergebnisse ernst nimmt. Dies erfordert generell die Bereitschaft, im Weiteren Maßnahmen zur Veränderung einzuleiten und mit den Ergebnissen zu arbeiten. Diese Offenheit für den Prozess ist nicht nur psychologisch wichtig, sondern auch ökonomisch sinnvoll.

Personalabteilung
In größeren Betrieben initiiert teilweise auch die Personalabteilung Mitarbeiterbefragungen und kann abhängig von ihren Kompetenzen und Ressourcen nicht nur die inhaltliche und zeitliche Koordination, sondern auch die Organisation, Durchführung und Auswertung übernehmen. Dies wird allerdings in den meisten Kulturbetrieben eher nicht der Fall sein, da nur wenige Organisationen über eine eigenständige und hinreichend ausgestattete Personalabteilung verfügen (Hausmann 2019, S. 16). Aus diesem Grund wird die Mehrzahl der Kulturbetriebe auf die Unterstützung Externer zurückgreifen, die dann die Organisation der Mitarbeiterbefragung teilweise oder vollständig übernehmen.

Mitarbeiter/innen

Wie bereits der Begriff Mitarbeiterbefragung impliziert, spielen die Beschäftigten im gesamten Prozess eine zentrale Rolle. Daher sollten ihre Ansichten und Ideen in jeder Phase des Projektes Berücksichtigung finden (Nürnberg 2017, S. 28). Wie in Abschn. 1.1 ausgeführt, ist es das grundsätzliche Ziel von Mitarbeiterbefragungen, systematisch arbeitsbezogene Informationen von den Beschäftigten zu erheben. Voraussetzung dafür ist, dass sich die Beschäftigten tatsächlich an der Befragung beteiligen und die Fragen offen und aufrichtig beantworten (Borg 1995, S. 43). Darüber hinaus ist es für die Folgeprozesse essenziell, dass sich die Mitarbeiter/innen aktiv an den Veränderungsschritten beteiligen und sie mitgestalten. Damit dies gelingen kann, muss im Kulturbetrieb vor allem die hohe Heterogenität der Beschäftigten berücksichtigt werden, die sich auf das Projekt auswirkt und dessen Komplexität erhöht. Das Personal im Kulturbetrieb lässt sich generell in folgende fünf Gruppen einteilen (Hausmann & Braun 2021, S. 4 f.):

1. Künstlerisches Personal (z. B. Musiker/innen, Tänzer/innen)
2. Wissenschaftliches Personal (z. B. Kurator/innen)
3. Technisches Personal (z. B. Beleuchtung, Bühnenbetrieb, Restauration)
4. Administratives Personal (z. B. Controlling, Finanzen, Marketing)
5. Servicepersonal (z. B. Kasse, Aufsichten, Reinigung, Bewachung)

Abgesehen von den unterschiedlichen Arbeitsfeldern im Kulturbetrieb und ihren zum Teil sehr heterogenen Ausbildungswegen und daraus resultierenden Fachsprachen, Arbeits- und Denkweisen, erhöht sich die Komplexität durch die zahlreichen vorhandenen Anstellungs- und Arbeitsverhältnisse, wie z. B.

- festangestellte Mitarbeiter/innen in Voll- oder Teilzeit, unbefristet oder befristet,
- freiberufliche Mitarbeiter/innen,
- geringfügig entlohnte Beschäftigte (450-Euro-Jobs) oder
- ehrenamtlich Beschäftigte.

Die Vielfalt des Personals erfordert es, frühzeitig zu entscheiden, welche Mitarbeitergruppen einbezogen werden sollen und ggf. nachvollziehbar zu begründen, warum bestimmte Personen nicht befragt werden.

Führungskräfte

Je nach Größe und Strukturierung eines Kulturbetriebs können Führungskräfte auf mehreren Hierarchieebenen anzutreffen sein (Hausmann 2019, S. 22). Wie die Mitarbeiter/innen sind sie eine heterogene Gruppe, die sowohl das Topmanagement

(Geschäftsführung) und Abteilungsleiter/innen mit hoher Personalverantwortung als auch Führungskräfte, die vielleicht nur eine Person führen, umfassen kann. Unabhängig von ihrem konkreten Verantwortungsumfang sind Führungskräfte sehr wichtig für den Erfolg einer Mitarbeiterbefragung. An ihrem Verhalten messen die Mitarbeiter/innen, welche Bedeutung die Befragung und die Nachfolgeprozesse für das gesamte Haus haben. Im besten Fall dienen die Führungskräfte daher ihren Beschäftigten als Vorbild im Umgang mit den Veränderungsprozessen, motivieren ihr Team an der Befragung teilzunehmen und treiben den Nachfolgeprozess konstruktiv an.

Damit dies funktionieren kann, muss bedacht werden, dass sich Führungskräfte in einer besonderen Situation befinden:

- Mitarbeiterbefragungen setzen typische Koordinationsmechanismen temporär außer Kraft, was für Führungskräfte ungewohnt und sogar bedrohlich wirken kann.
- Darüber hinaus nehmen sie im Befragungsprojekt eine besondere Doppelrolle ein: Abhängig vom Thema der Befragung geben sie nicht nur Feedback, sondern sie bekommen auch Feedback (etwa im Themenblock „Führungsverhalten des/r direkten Vorgesetzten") (Bischof 2015, S. 167 f.).
- Gleichzeitig erhalten Führungskräfte, die sich in einer „Sandwich"-Position befinden, d. h. sie führen, werden aber gleichzeitig auch von der nächsthöheren Hierarchieebene geführt, sowohl „Kritik" von unten als auch „Druck" von oben (Borg 1995, S. 46).

Wie erreicht werden kann, dass sowohl die Führungskräfte auf ihre besondere Rolle und ihre neuen Aufgaben vorbereitet werden als auch die Mitarbeiter/innen aktiv am Befragungsprojekt teilnehmen, wird in Kap. 3 ausführlicher beschrieben.

Irreführende Funktionsbezeichnungen
Eine Führungskraft ist eine Person, die aufgrund ihrer Position im Kulturbetrieb „Führungsaufgaben wahrnimmt sowie über Entscheidungs- und Weisungsbefugnisse gegenüber anderen Organisationsmitgliedern verfügt" (Hausmann 2019, S. 22). Führungskräfte werden in der Praxis häufig auch als Leitung bezeichnet. Es gilt zu beachten, dass dieser Begriff in Kulturbetrieben oftmals in Stellenbeschreibungen für Personen verwendet wird, denen keine Beschäftigten zugeordnet sind (Hausmann & Liegel 2018,

S. 18). Ist dies der Fall, kann das im Befragungsprojekt zu Problemen führen. Beispielsweise, wenn ein Führungskräfte-Workshop stattfindet und sich Personen mit Leitungsbezeichnung, jedoch ohne Führungsverantwortung ebenfalls angesprochen bzw. nicht berücksichtigt fühlen.

Betriebs-/Personalrat

Neben den bereits vorgestellten Akteuren hängt der Erfolg einer Mitarbeiterbefragung im Kulturbetrieb auch maßgeblich von der Unterstützung wichtiger Gremien und Gruppen, v. a. aber vom Betriebs-/Personalrat ab. Dieses Gremium vertritt und schützt die Interessen der Arbeitnehmer/innen im Kulturbetrieb. Daher nimmt der Betriebs-/Personalrat in nicht zu unterschätzender Weise Einfluss auf den Projektverlauf; seine Vertreter/innen sind wichtige Multiplikator/innen und Promotor/innen. Werden Mitarbeiterbefragungen im Kulturbetrieb durchgeführt, hat der Rat gesetzliche Zustimmungs-, Mitbestimmungs- und Informationsrechte, wenn es um Fragen des Arbeitnehmer- und Datenschutzes geht. Interesse dieses Gremiums ist es, die Beschäftigten vor Nachteilen und Risiken, die sich aus der Teilnahme an einer Befragung ergeben könnten, zu schützen. Bei Absprachen mit dem Betriebs-/Personalrat ist zu erwarten, dass dieser Antworten auf die folgenden Fragen verlangen wird (Kramprich 2021):

- Ziele der Mitarbeiterbefragung,
- Sicherstellung der Anonymität,
- Sicherstellung des Datenschutzes,
- Einsatz von IT-Systemen.

Mitarbeiterbefragungen des Arbeitgebers, die Daten EDV-gestützt verarbeiten (z. B. Online-Befragungen) unterliegen ausdrücklich dem *Mitbestimmungsrecht,* da es mithilfe der Software möglich ist, die Leistung und das Verhalten der Beschäftigten zu kontrollieren (§ 87 Absatz 1 Nr. 6 BetrVG). Wird die Befragung anonymisiert via Papierfragebogen durchgeführt, ist sie von der Mitbestimmung ausgenommen.

Unabhängig davon, ob eine Mitbestimmung des Personalrats gesetzlich besteht, sollte der Personalrat zum frühestmöglichen Zeitpunkt in den Prozess eingebunden und umfassend informiert werden. Die Akzeptanz des Betriebs-/Personalrats hat i. d. R. einen positiven Einfluss auf die Teilnahmebereitschaft der Mitarbeiter/innen. Durch die Unterstützung des Personalrats erhöht sich die Glaubwürdigkeit, dass die Mitarbeiterbefragung im Sinne der Mitarbeiter/innen durchgeführt wird und deren

Anonymität gewahrt ist (Linke 2018, S. 71). Eine (zu) späte Kontaktaufnahme mit dem Personalrat birgt u. a. die Gefahr, dass Projektschritte nachträglich überarbeitet werden müssen, sich der Ablauf der Befragung verzögert und Misstrauen gegenüber dem Projekt im Kulturbetrieb entsteht.

Abhängig davon welche Themen in der Mitarbeiterbefragung behandelt werden (siehe Abschn. 2.1.2), sollten neben Betriebs-/Personalrats auch noch andere Gremien- und Interessensvertretungen einbezogen werden (z. B. die IT, das betriebliche Gesundheitsmanagement, die Gleichstellungsbeauftragten oder spezielle AGs). Diese können zum einen als Expert/innen für ein bestimmtes Interessensgebiet befragt werden und bei der Entwicklung des Fragebogens helfen. Zum anderen ist es möglich, dass sie geplante Veränderungsmaßnahmen, die ihrem Themenfeld nahe sind, auch in ihre bestehenden Projekte integrieren und somit effizienter gestalten.

Externe Kompetenz

Obwohl die Befragung von innen heraus angestoßen werden sollte, sind Kulturbetriebe gut beraten, Kompetenz von außen in Anspruch zu nehmen; infrage kommen Expert/innen aus Wissenschaft und Beratung (Hausmann 2022a). Die Identifizierung und Formulierung von Fragen sowie die Konstruktion und Gestaltung des Fragebogens erfordern profunde Erfahrung und Kenntnisse in der empirischen Sozialforschung. Aber auch in den Fällen, in denen diese Kompetenz und die benötigte Software im Kulturbetrieb vorhanden sind, empfiehlt es sich bestimmte Projektschritte – vor allem Datenerhebung und Datenauswertung, aber auch die Moderation der Folgeprozesse – von externen und damit unabhängigen Personen/Institutionen durchführen zu lassen. Durch die Einbeziehung Externer wird nicht nur Fachwissen und ggf. Technologie eingekauft, sondern auch mehr Vertrauen in die Objektivität und Anonymität des Projekts geschaffen.

Immer dann, wenn Rückschlüsse auf einzelne Personen möglich sind, müssen externe Expert/innen hinzugezogen werden, die die Erhebung, Auswertung und Absicherung übernehmen (siehe ausführlicher Abschn. 2.1.3). Damit die Beschäftigten Vertrauen aufbauen können, müssen externe, am Prozess beteiligte Personen möglichst frühzeitig und persönlich, etwa bei einer Betriebsversammlung vorgestellt werden (Bischof 2015, S. 169).

Kosten für die externe Projektbegleitung
Die Kosten eines Dienstleisters für Mitarbeiterbefragungen hat ihren Preis, vor allem wenn nicht nur operative Leistungen, sondern auch strategische Beratung und Begleitung eingekauft werden. Da die Budgets in Kulturbetrieben knapp sind, können in manchen Fällen Träger oder private Unterstützer/innen (z. B. Freundeskreise) gewonnen werden, um die Kosten einer Mitarbeiterbefragung zu finanzieren. Gleichzeitig ist zu betonen, dass es auch Kosten verursacht, *keine* Mitarbeiterbefragung durchzuführen. Das ist z. B. der Fall, wenn schwelende Konflikte nicht aufgedeckt werden und sich immer mehr verhärten. Oftmals können diese angestauten Probleme nur noch mithilfe einer langwierigen und teuren Mediation gelöst werden.

1.4 Mitarbeiterbefragungen im Rahmen von Organisationsentwicklung

Mitarbeiterbefragungen können grundlegende Veränderungen in Organisationen anstoßen, weshalb sie oft als Tool in Organisations- und Change Management-Prozessen eingesetzt werden (vgl. u. a. Müller et al. 2007a, S. 10; Scholz et al. 2012, S. 7). Diese beiden häufig synonym verwendeten Begriffe haben im Kulturbetrieb in den letzten Jahren stark an Bedeutung gewonnen. Vor allem in Institutionen, die bereits seit längerem am Markt bestehen, werden Themen wie Führungsverhalten, Hierarchien und Zusammenarbeit auf den Prüfstand gestellt. Gesellschaftliche und technische Entwicklungen, aber insbesondere auch der Wechsel auf oberster Führungskräfteebene machen es erforderlich, innerbetriebliche Abläufe zu überdenken und ggf. an die Bedürfnisse der Mitarbeiter/innen anzupassen. Organisationsentwicklung wird bei derartigen organisationalen Veränderungsbedarfen mit dem Ziel eingesetzt

- sowohl die Leistungs- und Veränderungskompetenz von Kulturbetrieben zu verbessern und ihre strategische Zielorientierung zu optimieren
- als auch die Lern- und Anpassungsfähigkeit der Beschäftigten zu fördern, um so Leistungsbereitschaft und Arbeitszufriedenheit zu erhöhen (vgl. Hausmann 2021, S. 5 f.).

Der Begriff beschreibt dabei einen

- geplanten,
- systematischen und
- zielgerichteten Veränderungsprozess einer Organisation, der in der Regel
- langfristig angelegt ist und
- alle Beschäftigten aktiv einbezieht (vgl. u. a. Schiersmann & Thiel 2018, S. 5).

Dabei ist es erforderlich, eine ganzheitliche Perspektive einzunehmen. Bei der Planung und Umsetzung von Veränderungsprozessen werden aus diesem Grund sowohl die sozialen und organisationspsychologischen Wechselwirkungen berücksichtigt (z. B. Kommunikationsverhalten, Werte, Hierarchien) als auch betriebswirtschaftliche Aspekte untersucht (u. a. Technologien, Umwelt, Stakeholder) (Gairing 2017, S. 14 f.).

Mitarbeiterbefragungen können in jeder Phase von Organisationsentwicklungsprozessen eingesetzt werden. In der Literatur und Praxis, findet sich kein einheitliches Vorgehen, wie derartige Veränderungsprozesse idealtypisch ablaufen sollten. Um jedoch aufzeigen zu können, wie Mitarbeiterbefragungen im Rahmen von Organisationsentwicklungen Nutzen finden, wird an dieser Stelle das *Drei-Stufen-Modell* von Kurt Lewin (1947) herangezogen. Laut Lewin, der als Gründer der Organisationsentwicklung gilt, durchlaufen Organisationsentwicklungsprozesse die drei Phasen *Unfreezing – Moving – Refreezing*. Hintergrund der Begriffe ist das Sinnbild, dass eine gefrorene Form sich nur dann verändern lässt, wenn sie erst aufgetaut bzw. verflüssigt wird, bevor sie anschließend wieder im neuen Zustand verfestigt wird. Ohne diese Aggregatsveränderung würde eine Organisation sinngemäß am Veränderungsprozess zerbrechen. Mitarbeiterbefragungen können wie folgt in den einzelnen Phasen angewendet werden:

1. *Unfreezing*-Phase: In der ersten Phase wird der Veränderungsprozess konzipiert, vorbereitet und die Organisation mit ihren Beschäftigten mobilisiert. Dazu muss die aktuelle Situation im Kulturbetrieb zuerst analysiert und eine Bereitschaft für den Wandel erzeugt werden. Häufig werden Mitarbeiterbefragungen in dieser Phase eingesetzt, um Informationen zu erheben. Basierend auf dieser Datengrundlage werden anschließend die einzelnen Veränderungsschritte geplant. Die Kulturbetriebsleitung kann die Mitarbeiterbefragung aber auch dazu nutzen, bestimmte Themen zu kommunizieren und ihre generelle Unternehmens- und Führungsphilosophie zu vermitteln (vgl. Hodapp 2017, S. 29 f.). Mit der Befragung ist es auch möglich, die Arbeitnehmer/innen für die kommenden Veränderungen zu sensibilisieren (vgl. Müller et al. 2007a, S. 11). Allein, dass überhaupt eine Mitarbeiterbefragung im Haus stattfindet,

kann dazu führen, dass erste Reflexions- und Kommunikationsprozesse unter den Beschäftigten angeregt werden.

2. *Moving*-Phase: Hierauf aufbauend findet in der zweiten Phase die eigentliche Veränderung statt und die geplanten Strategien und Maßnahmen werden umgesetzt. Neue Strukturen, Prozesse und Werte werden implementiert, um die festgelegten Ziele zu erreichen. Häufig werden hierbei Methoden wie Workshops, Coachings oder Leitbildentwicklung eingesetzt. Mitarbeiterbefragungen helfen im Rahmen von Organisationsentwicklungsprojekten, die Akzeptanz für Veränderungen zu sichern, da diese i. d. R. auf den Ergebnissen der Befragung basieren oder im Optimalfall selbst von den Beschäftigten vorgeschlagen wurden. Durch die gemeinsame Diskussion und Besprechung der Ergebnisse können Themen enttabuisiert und analysiert werden. Durch die gemeinsame Beschäftigung mit der Mitarbeiterbefragung – die im Rahmen von Organisationsentwicklungsprozessen immer eine Vollerhebung sein sollte (vgl. Müller et al. 2007b, S. 40) – kommt die gesamte Organisation in Bewegung.

3. *Refreezing*-Phase: Anschließend wird das Neuetablierte in der Organisation verstetigt. Da jedoch die Veränderungsdynamik in den letzten Jahren stark gestiegen ist, wird diese Phase mittlerweile als nicht mehr zeitgemäß empfunden. Kritiker/innen plädieren daher dafür, dass sich Organisationen letztlich dauerhaft in einem mehr oder weniger flüssigen Zustand befinden müssen, um agil auf Veränderungen zu reagieren (u. a. Werther & Jacobs 2014, S. 51 f.; Krüger & Bach 2014, S. 50). Mitarbeiterbefragungen können in der Refreezing-Phase eingesetzt werden, um die Maßnahmen und deren Ergebnisse regelmäßig zu evaluieren und zu überprüfen.

Prozessablauf einer Mitarbeiterbefragung

2

Unabhängig von ihrer konkreten Konzeption und Durchführung lassen sich Mitarbeiterbefragungen grundsätzlich in drei große, aufeinander aufbauende Phasen unterteilen (u. a. Müller et al. 2007a, S. 13; Scholz et al. 2012, S. 37; Domsch & Ladwig 2013, S. 19):

1. Die *Planungsphase* beinhaltet die strategische Zieldefinition, die Projektplanung und die Fragebogenkonstruktion.
2. In der *Durchführungsphase* werden die Daten erhoben, analysiert und die Ergebnisse dargestellt.
3. Die *Follow-up-Phase* (auch Nachbereitungsphase genannt) umfasst die Maßnahmenableitung, -durchführung und deren Evaluation.

Hierauf aufbauend werden in den nachfolgenden Kapiteln die zentralen Arbeitsschritte der einzelnen Phasen vorgestellt und Empfehlungen für deren erfolgreiche Umsetzung in der Kulturbetriebspraxis gegeben. Vorab sei gesagt, dass jede Mitarbeiterbefragung eine auf die jeweilige Organisation, ihre Ziele, Rahmenbedingungen etc. zugeschnittene Konzeption erfordert. Damit sind die folgenden Ausführungen als übergeordnete Orientierungshilfe zu lesen, die im individuellen Fall stellenweise angepasst werden müssen.

2.1 Planungsphase

In der Planungsphase müssen grundlegende Überlegungen und Entscheidungen getroffen werden, die sich auf die komplette Mitarbeiterbefragung nachhaltig auswirken und in den weiteren Phasen teilweise nur noch schwer korrigierbar sind. Aus diesem Grund ist es wichtig, dieser Phase ausreichend Zeit zu widmen.

© Der/die Autor(en), exklusiv lizenziert an Springer Fachmedien Wiesbaden GmbH, ein Teil von Springer Nature 2022
A. Hausmann und L. Zischler, *Mitarbeiterbefragungen in Kulturbetrieben – Planung, Durchführung und Folgeprozesse,* essentials,
https://doi.org/10.1007/978-3-658-38014-4_2

Aufgaben, die in der Planungsphase typischerweise anfallen, sind die Definition von Zielen und Themen (siehe Abschn. 2.1.2), die Sicherung des Datenschutzes und der Anonymität der Teilnehmer/innen (siehe Abschn. 2.1.3), die Steuerung der Kommunikation (siehe Abschn. 2.1.4) und die Konstruktion des Fragebogens (siehe Abschn. 2.1.5). Diese Aktivitäten können nur zielführend gestaltet werden, wenn sie durch ein professionelles Projektmanagement gesteuert werden.

2.1.1 Projektmanagement

Mitarbeiterbefragungen sind sehr komplexe Projekte, die eine professionelle Vorbereitung und klare Organisation erfordern. Voraussetzung für einen erfolgreichen Befragungsprozess ist daher ein Projektmanagement, das die Befragung von der Planung über die Durchführung bis hin zur Evaluation engmaschig koordiniert.

Sobald die Durchführung einer Mitarbeiterbefragung offiziell beschlossen wurde, sollten erste Verantwortlichkeiten im Kulturbetrieb festgelegt werden. Selbst wenn das Projekt hauptsächlich von Externen durchgeführt und moderiert wird, gibt es immer mindestens eine/n Verantwortliche/n im Kulturbetrieb. Diese Person sollte über einen direkten Zugang zur Geschäftsführung verfügen, projekterfahren und im Haus gut vernetzt sein. Dies erleichtert die Zusammenarbeit und Abstimmung mit den unterschiedlichen Gremien und Führungskräften.

Steht die personale Struktur, gilt es einen *Projektstrukturplan* zu erstellen, in dem die erforderlichen Projektschritte und Verantwortlichkeiten festgeschrieben werden. Sogenannte Meilensteine markieren als Zwischenziele die entscheidenden Etappen des Prozesses, strukturieren das Projekt und helfen dabei, den Fortschritt zu kontrollieren. Typische Meilensteine sind z. B. das Vorliegen des finalen Online- oder Papierfragebogens, der Start der Mitarbeiterbefragung, der Start der Datenauswertung und die Ergebnispräsentation. Die Meilensteine bilden die Grundlage für den *Zeitplan* des Projekts. Der gesamte Prozess dauert etwa ein Jahr (je nach Art der Erhebung, Größe des Kulturbetriebs, Grad der Einbeziehung der Mitarbeiter/innen, Maßnahmen in der Follow-up-Phase etc.). Ein Beispiel über die zeitliche Struktur einer Mitarbeiterbefragung im Kulturbetrieb gibt Tab. 2.1.

Bei der Erstellung eines Zeitplans gilt es, die Urlaubszeiten (Schulferien, Feiertage, Spielzeitpause etc.) zu berücksichtigen, in denen keine Befragung stattfinden kann. Ebenso sollte sie nicht in explizit arbeitsintensiven Zeiträumen, etwa während des Aufbaus einer großen Sonderausstellung durchgeführt, werden. Mithilfe eines Projektzeitplans können Laufzeiten und Abhängigkeiten grafisch in Balkenform dargestellt und schneller erkannt werden (Selter 2015, S. 47).

Tab. 2.1 Grober Zeitplan für eine Mitarbeiterbefragung

	Phase	Schwerpunktaufgaben	Dauer
Kontinuierliche Kommunikation und Information	Vorbereitungs-phase	Vorbereitende Arbeiten wie z. B. Interviews und/oder Workshops zur Themenfindung, Abstimmung mit wichtigen Gremien (z. B. Geschäftsführung und Betriebsrat), Erstellung des Fragebogens, Durchführung von Pretests.	3 bis 5 Monate
	Durchführungs-phase	Freischaltung des Fragebogens (Online-Befragung) oder Versand/Verteilung des Fragebogens (Papier-Bleistift-Befragung). Nach ca. zwei Wochen beginnt die Auswertung, d. h. die Analyse der Daten mit geeigneten Methoden (Häufigkeitsanalyse, Kreuztabellen etc.). In einem weiteren Schritt werden die Daten aufbereitet und ca. acht Wochen nach Beginn der Befragung zielgruppenspezifisch präsentiert (Ergebnisbericht und/oder Ergebnisworkshop).	2 bis 3 Monate
	Follow-up-Phase	Alle Aktivitäten, die dazu dienen, die Ergebnisse der Mitarbeiterbefragung aufzugreifen und Veränderungen in der Organisation anzustoßen. Dazu gehören Coachings, Workshops, Projektgruppen etc. und - hoffentlich - eine Erfolgskontrolle.	3 bis 6 Monate (oder laufender Prozess)

Faire Teilnahmebedingungen

Bei der Zeitplanung müssen die verschiedenen Arbeitszeitmodelle der unterschiedlichen Berufsgruppen berücksichtigt werden. Alle Mitarbeiter/innen sollten die Möglichkeiten haben, innerhalb ihrer Arbeitszeit an der Befragung teilzunehmen und z. B. nicht dazu gezwungen sein, den Fragebogen in ihrer Pause zu beantworten. Im Kulturbetrieb gibt es allerdings einige Berufsgruppen (z. B. Aufsichts-, Garderoben-, Einlass-, Café- oder Shoppersonal), die aufgrund fester Schichten keine Möglichkeit haben, während ihrer regulären Arbeitszeit teilzunehmen. Um allen Beschäftigten die gleichen Teilnahmebedingungen zu bieten, sollten für die genannten Berufsgruppen ggf. gesonderte Angebote geschaffen werden (z. B. die Möglichkeit vor oder nach der regulären Arbeitszeit an der Befragung teilzunehmen und hierfür eine Arbeitszeitgutschrift zu erhalten).

Ein weiterer Aspekt, der mitunter ins Projektmanagement fällt und frühzeitig berücksichtigt werden muss, sind die *Projektkosten*. Diese sind für gewöhnlich abhängig von der bzw. dem

- Anzahl der befragten Mitarbeiter/innen,
- angewandten Methode (Online, Paper-Pencil),
- Anzahl der benötigen Sprachversionen,
- Art und Anzahl der Fragen,
- Umfang der Datenauswertung und
- Umfang der Follow-up-Aktionen (Workshops, Coachings) (Nürnberg 2017, S. 29).

Opportunitätskosten von Mitarbeiterbefragungen
Die Opportunitätskosten von Mitarbeiterbefragungen sind gleich dem entgangenen Nutzen aus der Bearbeitung anderer Aufgaben im Kulturbetrieb und lassen sich berechnen: Wenn das Ausfüllen des Fragebogens 20 min dauert und 100 Beschäftigte an der Befragung teilnehmen, dann gehen dem Kulturbetrieb rund 33 h oder mehr als vier Arbeitstage verloren. Hinzu kommt die Zeit für Vorbereitungsarbeiten (z. B. Einberufung einer Mitarbeiterversammlung, individuelle Mitarbeitergespräche) und die Teilnahme an Terminen in der Nachbereitungsphase (z. B. Workshops). Eine solche Berechnung hilft dabei, sich zu vergegenwärtigen, dass die professionelle Planung und Durchführung einer solchen Befragung und die ernsthafte Beschäftigung mit ihren Ergebnissen schon allein aus ökonomischen Gründen geboten ist.

2.1.2 Ziel- und Themenfindung

Die Definition der konkreten Ziele der Mitarbeiterbefragung ist ein sehr wichtiger Schritt, der wohlüberlegt sein sollte, da diese Ziele die inhaltliche Basis für alle weiteren Planungen und Aktionen bilden werden. Typischerweise gibt die Kulturbetriebsleitung die Befragungsziele vor (Bruder & Gehring 2019, S. 5), wobei es sich empfiehlt, im Findungsprozess auch die Expertise des/der Projektbeauftragten und der Vertreter/innen der relevanten Interessengruppen einzuholen. Die

Ziele sollten konkret und realistisch, d. h. mit vorhandenen Ressourcen auch tatsächlich erreichbar sein. Es ist zu betonen, dass die Erwartungen an eine Mitarbeiterbefragung, vor allem wenn sie zum ersten Mal im Kulturbetrieb durchgeführt wird, nicht zu hochgesteckt werden dürfen. Bei den Beschäftigten sollten keine übersteigerten Erwartungen geweckt werden, gleichzeitig ist es wichtig zu kommunizieren, dass ihre Befragungsergebnisse von der Geschäftsführung ernst genommen und auch zu Veränderungen führen werden (Pierenkemper 2019, S. 5). Am Ende des Findungsprozesses ist es üblich, die Ziele schriftlich festzuhalten, um sie im Weiteren auch zur Kontrolle und Evaluation nutzen zu können.

Stehen die Ziele fest, können aus ihnen in einem nächsten Arbeitsschritt relevante Themenfelder und konkrete Inhalte abgeleitet werden. Hierbei unterscheiden Müller et al. (2007b, S. 28 f.) zwei grundsätzliche Herangehensweisen und plädieren dafür, beide Ansätze miteinander zu kombinieren, um die jeweiligen Vor- und Nachteile auszugleichen:

1. Bei der *Top-down-Strategie* werden die Inhalte des Fragebogens deduktiv auf Basis von in der Literatur zur Verfügung stehenden Mitarbeiterbefragungen entwickelt. Problematisch ist dabei, dass sich diese häufig nur bedingt auf die spezifische Praxis in Kulturorganisationen übertragen lassen. Ein Vorteil besteht darin, dass die Interpretation der Ergebnisse erleichtert werden kann, da bereits Vergleichsdaten vorliegen.
2. Bei der *Bottom-up-Strategie* werden die Befragungsthemen induktiv, z. B. auf Basis von Voruntersuchungen oder Interviews mit den für die Befragung wichtigen Interessengruppen ermittelt. Dabei lassen sich die für den Kulturbetrieb spezifischen Themen gut identifizieren. Um später Handlungsimplikationen ableiten zu können, müssen die Themen für die Befragung wissenschaftlich aufbereitet werden.

Für eine umfassend angelegte Mitarbeiterbefragung im Kulturbetrieb kommt ein breites Spektrum an Inhalten infrage. Tab. 2.2 führt typische Informationskategorien sowie Beispiele für jede Kategorie auf (Hausmann 2022a, siehe auch Domsch & Ladwig 2013, S. 17 f.).

2.1.3 Datenschutz und Anonymität

Die Sicherstellung des Datenschutzes und der Anonymität aller Teilnehmer/innen ist eine der wichtigsten und entscheidensten Faktoren für den Erfolg des gesamten Befragungsprojekts. Nur wenn sich das Personal eines Kulturbetriebs sicher fühlt,

Tab. 2.2 Geeignete Themen für Mitarbeiterbefragungen

Themenkategorien	Beispiele
Arbeitsbedingungen (Arbeitsplatz/-situation)	Räume (Größe, Lärm, Licht etc.), Raumausstattung, Software-/Hardwareausstattung, IT-Unterstützung, Möglichkeit zur Heimarbeit/mobiles Arbeiten, Bezahlung, soziale Leistungen, Verfügbarkeit notwendiger Arbeitsmittel, Arbeitszeitgestaltung
Arbeitsanforderungen und Gesundheit	Arbeitsbelastung (Zeitdruck, Stress im Besucherkontakt etc.), zu hohe/geringe Arbeitsanforderungen, körperlich/psychisch anstrengende Arbeit, häufige Überstunden/fehlende Work-Life-Balance, Vereinbarkeit von Beruf und Familie
Strukturen und Prozesse	Kommunikation/Information (Häufigkeit, Transparenz, Kanäle) in der eigenen Abteilung, zwischen Abteilungen, in der Organisation; Arbeitsabläufe, Entscheidungswege, Zuständigkeiten, Aufgabenpriorisierung, Hierarchien, Aufbauorganisation
Arbeitsklima/ Zusammenarbeit	Teamgeist, Wertschätzung, Kooperationsbereitschaft bzw. gegenseitige Unterstützung (direkte Kolleg/innen, andere Abteilungen, Gremien, externe Dienstleister etc.), Fehlerkultur, Konfliktkultur
Führung und Vorgesetzte (Führungsverhalten)	Allgemein: Führungskompetenz der Vorgesetzten; konkret: Anerkennung von Leistungen, Offenheit für neue Ideen, Fehlerkultur, faire Aufgabenverteilung, Ziel-/Aufgabenorientierung, Unterstützung/Rückhalt, regelmäßiges Feedback, Wertschätzung, Verlässlichkeit, Konfliktbehandlung
Entwicklung und Weiterbildung	Qualifizierungs- und Aufstiegsmöglichkeiten/-hindernisse sowohl für Mitarbeiter als auch für Führungskräfte, Talentmanagement
Arbeitszufriedenheit/ Motivation	Zufriedenheit mit dem eigenen Arbeitsbereich/Aufgaben, dem Team, den Vorgesetzten oder der Kulturorganisation als Arbeitgeber im Allgemeinen, Engagement, Identifikation, Weiterempfehlung, Loyalität
Statistik/Struktur der Belegschaft	Dauer der Betriebszugehörigkeit, Organisationseinheit/Abteilung, Hierarchieebene (Position/Führungsverantwortung), ggf. Alter, Arbeitszeitform, Geschlecht

dass ihnen durch ihre Teilnahme keine negativen Konsequenzen drohen, werden sie sich in einer hohen Zahl an der Befragung beteiligen sowie die Fragen ehrlich und damit auch aussagekräftig beantworten. Unabhängig von der Form und der Art der Datenerhebung sollten sich Kulturbetriebe grundsätzlich an drei Prinzipien halten, um die Vertraulichkeit der erhobenen Daten ihrer Mitarbeiter/innen zu gewährleisten (u. a. Scholz et al. 2012, 72 ff.; Nürnberg 2017, S. 67):

1. Das Prinzip der *Transparenz* besagt, dass der gesamte Befragungsprozess vor, während und nach der eigentlichen Datenerhebung offen und verständlich kommuniziert wird. Darüber hinaus ist es empfehlenswert, intern mindestens eine/n Verantwortliche/n festzulegen, an die/den sich die Beschäftigten bei Fragen wenden können.
2. Das Prinzip der *Freiwilligkeit* gewährleistet, dass das Personal nicht zur Teilnahme an der Befragung gezwungen wird. Darüber hinaus ergeben sich aus einer Teilnahme bzw. Nichtteilnahme keine Begünstigungen oder Nachteile. Die Teilnahme Einzelner wird auch nicht überprüft. Das Prinzip der Freiwilligkeit gilt nicht nur für die generelle Teilnahme, sondern auch für die Beantwortung einzelner Fragen. Hier muss die Möglichkeit bestehen, Fragen auslassen und überspringen zu können.
3. Das Prinzip der *Anonymität* stellt klar, dass die erhobenen Datensätzen nicht individuell bzw. namentlich zuordnbar sind. Dies kann gewährleistet werden, indem keine *personenbezogenen* Daten wie Namen, Anschriften oder Personalnummern abgefragt werden. Es muss jedoch beachtet werden, dass auch andere Angaben die Anonymität von Einzelnen gefährden können.

Praxistipps zur Wahrung von Anonymität

- Die Kombination von bestimmten Strukturmerkmalen, z. B. Abteilungszugehörigkeit und Alter kann dazu führen, bestimmte Mitarbeiter/innen zu identifizieren (etwa, wenn im Referat A nur eine Person über 50 Jahre alt ist). Es empfiehlt sich daher, vorab *Anonymitätsschwellen* festzulegen, die definieren, ab welcher Anzahl an Antworten Fragen überhaupt ausgewertet werden. In der Regel liegt die Stichprobengröße in diesem Kontext bei mindestens fünf Personen pro Antwort. Beantworten weniger Beschäftigte die Frage, sollten die Daten entweder nicht aus ausgewertet oder der nächsthöheren Auswertungsebene zugeordnet werden (in diesem Fall wird z. B. statt Referat A die ganze Abteilung betrachtet).

- Neben der bewussten Kombination von Merkmalen können sich die Teilnehmer/innen auch versehentlich selbst identifizieren. Dies ist vor allem bei Freitextfeldern der Fall, anhand derer die befragten Personen durch ihre Handschrift (Papierfragebögen) und/oder für sie typische Rechtschreibung und Ausdrucksweise (Online-Befragungen) erkannt werden können.

- Auch über IP-Adressen oder E-Mail-Einladungen können Rückschlüsse auf befragte Personen gezogen werden. Bei Online-Befragungen ist es daher wichtig, die E-Mail-Adressen der Teilnehmer/innen von ihren anderen Angaben technisch getrennt zu verwalten.

Wenn aufgrund der Mitarbeiterbefragung prinzipiell Rückschlüsse auf einzelne Beschäftigte gezogen werden können, sollten Kulturbetriebe immer mit externen Anbietern zusammenarbeiten und mit diesen einen Vertrag zur Datenverarbeitung im Auftrag abschließen. Dieser regelt die Erhebung, Verarbeitung oder Nutzung personenbezogener Daten. Darüber hinaus sollte die externe Partei dem Kulturbetrieb ausschließlich aggregierte und anonymisierte Daten, z. B. in Form von Statistiken übermitteln und gewährleisten, dass die Geschäftsführung oder andere Interessensvertretungen zu keinem Zeitpunkt Einblick in die sogenannten *Rohdaten,* also die Datensätze einzelner Teilnehmer/innen erhalten.

Je nach Erkenntnisinteresse ist es in der Regel dennoch notwendig, in Mitarbeiterbefragungen personenbezogene bzw. personenbezogen auswertbare Daten abzufragen, um die Ergebnisse differenzierter betrachten, besser interpretieren und gezieltes Feedback geben zu können. In diesen Fällen gilt für die Befragung die Datenschutzgrundverordnung (DSGVO), insbesondere Art. 6. Abs. 1 a. Dieser Artikel regelt, dass eine Mitarbeiterbefragung nur dann rechtmäßig ist, wenn alle Teilnehmer/innen ihre Einwilligung zur Verarbeitung der sie betreffenden personenbezogenen Daten gegeben haben. Diese Einwilligung muss informiert, freiwillig und aktiv erfolgen (z. B. durch das Setzen eines Häkchens „Stimme zu") (Marx 2020).

Um die Beschäftigten umfassend und ausreichend zu informieren, ist es in der Praxis daher üblich, vor der eigentlichen Befragung eine Datenschutzerklärung voranzuschalten. Diese muss u. a. darauf Antwort geben,

- zu welchem Zweck, in welcher Form und in welchem Umfang die personenbezogenen Daten erhoben werden.
- welche Rechte die Teilnehmer/innen genau haben (z. B. Anspruch auf Auskunft, Löschung und Widerruf).
- wie lange die personenbezogenen Daten verarbeitet werden.
- welche Maßnahmen getroffen werden, die Daten vor dem Fremdzugriff zu schützen.
- welche personenbezogenen Daten erhoben werden (z. B. freiwillige Angaben zu Führungsverantwortung, Dauer der Betriebszugehörigkeit, Abteilungszugehörigkeit, Alter).
- wo die Daten gespeichert werden (im europäischen Geltungsbereich der DSGVO, keine Übermittlung an Drittländer).
- welche Person für den Datenschutz zuständig ist.

Abschließend sei noch einmal ausdrücklich darauf hingewiesen, dass der Betriebs-/Personalrat und der/die Datenschutzbeauftrage von Anfang an aktiv in das Befragungsprojekt eingebunden und über die Erhebung, Verarbeitung, Speicherung und Verwendung der Daten informiert werden müssen – unabhängig davon, ob personenbezogene Daten abgefragt werden oder nicht.

2.1.4 Kommunikation und Information nach innen

Um die Mitarbeiter/innen für die Befragung zu gewinnen, reicht es nicht aus, sie nur auf die Mitarbeiterbefragung aufmerksam zu machen. Vielmehr müssen die Beschäftigten umfassend informiert und überzeugt werden, damit sie an der Befragung teilnehmen und die Folgeprozesse aktiv begleiten. Eine Kommunikation vor, während und nach einer Mitarbeiterbefragung hat aus diesem Grund nicht nur die Aufgabe zu informieren. Sie muss hauptsächlich sowohl Ängste und Widerstände abbauen als auch das notwendige Vertrauen in den Erfolg des Projekts aufbauen. Um die Kommunikation und Information in einem Befragungsprojekt gezielt zu steuern, ist ein *Kommunikationskonzept* von großer Bedeutung. Dieses sollte sich über alle Phasen der Mitarbeiterbefragung erstrecken und kontinuierlich mit entsprechenden Maßnahmen die verschiedenen Projektschritte begleiten. Das Kommunikationskonzept regelt, wer wann wie welche Informationen erhält.

Grundsätzlich sollten die unterschiedlichen Interessengruppen frühzeitig über das Befragungsprojekt informiert werden. Es empfiehlt sich für einige Inhalte, Führungskräfte und Mitarbeiter/innen zunächst getrennt anzusprechen, da diese

in der Regel unterschiedliche Bedürfnisse und Sorgen bezüglich der Mitarbeiterbefragung mitbringen (siehe auch Kap. 3). Für gewöhnlich läuft der
Kommunikationsprozess intervallartig in zwei Phasen ab (Jöns & Müller 2007a,
S. 26); z. B. wenn Ziele und geplante Aktivitäten im Sinne der transparenten und
offenen Kommunikation frühzeitig angesprochen werden, auch wenn noch nicht
alle Details feststehen. Kurz vor der jeweiligen Aktion werden dann die konkreten Informationen veröffentlicht, damit diese nicht in Vergessenheit geraten
(z. B. technische Details der Durchführung kurz vor dem Befragungsstart). Generelle Themen, über die die Mitarbeiter/innen im Vorfeld der Befragung informiert
werden sollten, sind:

• Ziele, Inhalte und Nutzen der Befragung,
• organisatorischer Ablauf der Befragung und Methodik,
• zeitlicher Ablauf, Termine und Meilensteine der Befragung,
• Verantwortliche und Beteiligte,
• Datenschutz und Anonymität der Befragung und
• Auswertung der Befragung, Ergebnisse und potenzielle Folgeprozesse.

Um möglichst viele Beschäftigte für die Befragung zu begeistern, werden die
Informationen in der Regel über mehrere Medien und Formate gezielt gestreut.
Hierfür sollte zuerst analysiert werden, welche Kommunikationstools im Kul-
turbetrieb überhaupt vorhanden sind und ob diese von den Beschäftigten im
Arbeitsalltag regelmäßig genutzt werden. Ein Schwarzes Brett etwa, dass die
Hälfte der Mitarbeiter/innen gar nicht kennt, wird keinen großen Mehrwert bie-
ten, wenn es darum geht, die Beschäftigten auf die Befragung aufmerksam zu
machen.

Darüber hinaus muss beachtet werden, wie lange die Informationen zur Verfügung stehen sollen (Brüggmann 2015a, S. 37 f.): schriftliche Formate wie E-Mails
oder Mitarbeitermitteilungen/Rundschreiben eignen sich eher für kurzfristige und
aktuelle Botschaften. Sie werden daher häufig am Start der Befragung eingesetzt,
beispielsweise in Form von Einladungen oder Erinnerungen. Auch mündliche
Ankündigungen haben einen eher flüchtigen Charakter. Formate wie Auftaktver-
anstaltungen sind jedoch nötig, um viele Beschäftigte zu erreichen und ihnen die
Möglichkeit für Rückfragen zu bieten.

Websites kommen infrage, wenn Informationen über einen längeren Zeitraum
bzw. dauerhaft zur Verfügung gestellt werden sollen. Hierzu eignen sich z. B.
interne Unterseiten in einem Blog oder das Intranet. Die Mitarbeiter/innen haben
dadurch die Möglichkeit, allgemeine Informationen bei Bedarf nachzuschauen

und mitzuverfolgen, wie die Website im Laufe des Prozesses immer weiterwächst und das Projekt Mitarbeiterbefragung abbildet.

Weiterhin einsetzbar sind auch Printmedien wie Plakate, Broschüren und Flyer, die etwa als Aushänge am Schwarzen Brett, in der Betriebskantine oder im jeweils eigenen Postfach die Beschäftigten erreichen. Diese Medien eignen sich gut dafür, kurzzeitig Aufmerksamkeit zu erregen und die Mitarbeiterbefragung bereits vor der Datenerhebung im Haus „sichtbar" zu machen.

Marketing für die Mitarbeiterbefragung
Für die Bewerbung der Mitarbeiterbefragung kann auch mit der eigenen Marketing-/PR-Abteilung zusammengearbeitet werden – sofern es deren Kapazitäten neben dem laufenden Tagesgeschäft zulassen. Mit der Unterstützung des Marketings ist es möglich, die Kommunikation und Informationen zur Mitarbeiterbefragung zu verstärken und ggf. zu professionalisieren, z. B. durch ein eigenes Mitarbeiterbefragungslogo, Infoflyer, Artikel in der Betriebszeitung etc. (Domsch & Ladwig 2013, S. 21).

2.1.5 Konstruktion des Fragebogens

Der Fragebogen stellt das Herzstück des Projektes dar. Denn nur wenn hier technisch und inhaltlich korrekt und zielorientiert gearbeitet wurde, können mithilfe der Fragen und den dazu gehörigen Antwortmöglichkeiten (Items) diejenigen Informationen erhoben werden, die für die Follow-up-Phase benötigt werden. Bei der Fragebogenkonstruktion geht es vor allem darum, den Inhalt, den Aufbau, den Umfang sowie das Layout des Fragebogens festzulegen.

1. *Inhalt des Fragebogens*

Die einzelnen Fragen ergeben sich aus den bereits festgelegten Zielen und Themen der Befragung. Um die jeweiligen Items sinnvoll zu konstruieren, empfehlen wir einige unterschiedliche Herangehensweisen (Borg 2002, S. 36):

- Standardfragebögen verwenden (z. B. von externen Instituten),
- wissenschaftliche Literatur durchsehen,

- Wege zu den Zielen durchdenken (z. B. welche Faktoren könnten die Arbeitszufriedenheit beeinträchtigen?),
- Interviews mit Mitarbeiter/innen oder Führungskräften führen und
- externe Beratung in Anspruch nehmen.

Bei der Konzeption der Fragen muss u. a. über die Art der Fragen entschieden werden: Während *geschlossene Fragen* feste Antwortkategorien vorgeben, die entsprechend angekreuzt werden, lassen *offene Fragen* Raum für eigene Antworten.

- Geschlossene Fragen bieten den Vorteil, dass sie schneller ausgewertet werden können und daher weniger ressourcenintensiv sind.
- Offene Fragen verfügen über den Vorteil, dass die Teilnehmer/innen mehr Informationen preisgeben können (Anregungen, Verbesserungsvorschläge, die dann inhaltsanalytisch ausgewertet werden).
- In der Praxis werden häufig Kombinationen aus offenen und geschlossen Fragen (sogenannte *halboffene* Fragen) eingesetzt (siehe Tab. 2.3).

Um detailliertere Informationen zu erhalten, werden häufig mehrstufige *Antwortskalen* verwendet. In der Regel enthält die Skala hierbei zwei entgegengesetzte verbalisierte Pole, z. B. „sehr zufrieden" und „sehr unzufrieden". Zwischen diesem beiden Extremen finden sich eine Reihe von Abstufungen, denen sich die Teilnehmer/innen zuordnen können. In der Praxis sind sogenannte Likert-Skalen besonders gebräuchlich (Müller et al. 2007b, S. 34; Nürnberg 2017, S. 42). Die Frage ist hierbei als negative oder positive Aussage formuliert, denen die Teilnehmer/innen zu- oder nicht zustimmen können (siehe Abb. 2.1).

Damit die Beantwortung der Frage nicht zu komplex wird, sollte die Skalierung nicht zu viele Punkte enthalten. Gleichzeitig benötigt es eine ausreichende Anzahl an Antwortmöglichkeiten, um zwischen den Meinungen der Beschäftigten differenzieren zu können. In der Praxis haben sich daher hauptsächlich fünfstufige Skalen durchgesetzt (Rexroth 2015, S. 102).

Die spätere Auswertung muss bei der Skalenkonstruktion von Anfang an mitgedacht werden: Sollen z. B. Mittelwerte errechnet werden, müssen die Abstände zwischen den Antwortmöglichkeiten gleich groß sein, um den Durchschnitt korrekt zu ermitteln (siehe auch Abschn. 2.2.3).

Neben der Anzahl der Stufen finden sich in der Literatur noch weitere Empfehlungen zur konkreten Gestaltung von Antwortskalen. So ist es bei Antwortskalen möglich, eine Mittelposition („weder noch", „teils/teils" etc.). zu verwenden, die als neutrale Ausweichfläche genutzt werden kann. Sind sich die Beschäftigten

Tab. 2.3 Mögliche Antwortarten in Mitarbeiterbefragungen

Geschlossene Fragen	Offene Fragen	Halboffene Fragen
Insgesamt bin ich mit meinen Arbeitsbedingungen im Kulturzentrum zufrieden ☐ ja☐ nein	Was kann getan werden, um die Zusammenarbeit zwischen Mitarbeitern/innen und Führungskräften in unserem Museum zu verbessern? Bitte nennen Sie maximal drei Maßnahmen 1. _____ 2. _____ 3. _____	Was hindert Sie daran, Weiterbildungsmaßnahmen am Theater wahrzunehmen? ☐ Ich kenne die Weiterbildungsmaßnahmen am Theater nicht ☐ Die angebotenen Weiterbildungsmaßnahmen nutzen mir nicht für meine tägliche Arbeit ☐ Ich habe keine Zeit für Weiterbildungsmaßnahmen ☐ Sonstiges, und zwar _____

Aussage: Ich kenne in der Regel die aktuelle Arbeitsauslastung der anderen
Abteilungen.

stimme voll zu	stimme eher zu	teils/teils	stimme eher nicht zu	stimme überhaupt nicht zu
❏	❏	❏	❏	❏

Abb. 2.1 Beispiel für eine fünfstufige Likert-Skala

bei Fragen unsicher oder unmotiviert den Fragebogen auszufüllen, tendieren sie
eher zur Mitte. Wird diese Position überdurchschnittlich häufig gewählt, ist es
bei der Auswertung schwer, klare Meinungsmuster zu erkennen. Wird jedoch auf
eine mittlere Antwortkategorie verzichtet, werden die befragten Personen dazu
gezwungen, sich einer Seite zuzuordnen und eine eindeutige Aussage zu treffen.
Dies kann dazu führen, dass sich die Teilnehmer/innen unter Druck gesetzt fühlen
und den Fragebogen abbrechen oder diesen Fragetyp überspringen. Gleichzeitig können alle Personen, die tatsächlich eine neutrale bzw. mittlere Einstellung
zu einer Aussage haben, diese nicht zum Ausdruck bringen und weichen auf
andere Antwortkategorien aus. Damit die Daten nicht verzerrt werden, empfehlen die meisten Forscher/innen daher die Verwendung einer Mittelkategorie
(Menold & Bogner 2015, S. 6). Wird bei einer Mitarbeiterbefragung überdurchschnittlich häufig die mittlere Antwortkategorie gewählt, ist dies ein guter Anlass
für tiefergehende Analysen im Folgeprozess (Müller et al. 2021, S. 53).

Um zu verhindern, dass die mittlere Antwortkategorie nicht willkürlich
gewählt wird, ist es in der Regel sinnvoll, eine Ausweichkategorie zu schaffen
(„Kann ich nicht beurteilen"; „keine Angabe" etc.). Diese betont die Freiwilligkeit der Befragung und senkt den Druck der Item-Beantwortung (Müller et al.
2021, S. 53). Gleichzeitig kann bei einer späteren Auswertung besser nachvoll-
zogen werden, ob eine Frage übersehen oder bewusst nicht beantwortet wurde
(Pierenkemper 2016, S. 8). Wählen die Teilnehmer/innen bei einer Mitarbeiterbefragung überdurchschnittlich häufig die „Keine Angabe"-Option, sollte auch dies
in der Folgephase näher untersucht werden.

Bei Skalenfragen können unterschiedliche Formulierungen verwendet werden,
gebräuchlich sind folgende Kategorien (Nürnberg 2017, S. 40):

- Zustimmung (stimme absolut zu; ...; stimme überhaupt nicht zu)
- Einstellung (trifft voll zu; ...; trifft gar nicht zu)
- Zufriedenheit (sehr zufrieden; ...; überhaupt nicht zufrieden)
- Bewertung (sehr gut; ...; sehr schlecht)

- Häufigkeit (immer; …; nie)
- Effektivität (sehr effektiv; …; absolut nutzlos)

Um die Komplexität des Fragebogens zu reduzieren und damit auch die Befragungszeit möglichst kurz zu halten, sollte der Fragebogen einheitliche Antwortskalen bzw. -möglichkeiten verwenden. Voraussetzung ist dabei, dass die Formulierungen sprachlich Sinn ergeben und nicht zu konstruiert erscheinen. Um die Antworten der Teilnehmer/innen auf ihre Konsistenz prüfen bzw. diese gewährleisten zu können, werden *Kontrollfragen* (Online- und Papierbefragungen) und *Vollständigkeits- und Plausibilitätschecks* (nur Online-Befragungen) verwendet. Dadurch kann verhindert werden, dass Personen die Fragen zu unachtsam und damit wahrscheinlich inkorrekt beantworten. Bei Kontrollfragen werden einzelne Fragen umformuliert und an einer anderen Stelle im Fragebogen noch einmal verwendet. Vollständigkeits- und Plausibilitätschecks überprüfen bei Online-Befragungen bereits während der Eingabe, ob die Antwort vollständig und widerspruchsfrei ist. So kann beispielsweise eingestellt werden, dass im Antwortfeld „Altersangabe" nur Zahlen und keine Buchstaben eingegeben werden können. Zusätzlich ist es bei Online-Befragungen möglich, zu kontrollieren, ob eine Frage überhaupt beantwortet wurde. Ist dies nicht der Fall, ist es möglich, Hinweise zu verschicken und die betreffende Person ggf. auch am Fortsetzen des Fragebogens zu hindern. Diese Funktion sollte bei Mitarbeiterbefragungen nur bedingt eingesetzt werden. Häufige Fehlermeldungen und Hinweise können die Teilnehmer/innen verwirren und Abbrüche fördern (Wagner-Schelewsky & Hering 2019, S. 794); gleichzeitig sollten die Beschäftigten nicht zur Beantwortung einer Frage gezwungen werden.

Bei der Formulierung der Fragen und Antworten müssen einige grundlegende Anforderungen beachtet werden (u. a. Borg 2000, S. 94 f.; Linke 2018, S. 36). Die Items sollten

- für alle Mitarbeiter/innen verständlich in einer einfachen Sprache formuliert werden. Abkürzungen, Fachjargon und Fremdwörter sollten vermieden werden. Stattdessen sollten sich die Formulierungen an der Sprache des jeweiligen Kulturbetriebes orientieren (z. B. Regelungen zur geschlechtergerechten Sprache).
- kurz, präzise und unmissverständlich sein. Alle Befragten sollten die Fragen unabhängig von ihrer Qualifikation verstehen können. Aus diesem Grund ist es ratsam, doppelte Verneinungen zu vermeiden und nicht mehrere Inhalte in einer Frage zu kombinieren (Negativbeispiel: „Wie zufrieden sind Sie mit der Theaterkantine und den anderen Aufenthaltsräumen?").

- die Teilnehmer/innen nicht beeinflussen und daher neutral und wertfrei formuliert werden. Dies kann erreicht werden, indem negative Formulierungen und Suggestivfragen vermieden werden (Negativbeispiel: „Sind Sie auch der Meinung, dass …").

Gütekriterien

Die Konstruktion der Fragen wirkt sich unmittelbar auf die Zuverlässigkeit der erhobenen Daten aus. Aus diesem Grund muss jede Frage dahin gehend überprüft werden, ob sie für den weiteren Verlauf des Projekts geeignet ist; sollte dies nicht der Fall sein, kann die Frage gestrichen werden. Gütekriterien zur Beurteilung der Qualität der Frage sind

- *Entscheidungsrelevanz:* für die Zielsetzung der Mitarbeiterbefragung,
- *Veränderungspotenzial:* die Fragen sollten immer Ansatzpunkte für Verbesserungsmaßnahmen bieten,
- *Aktualität:* die Informationen sollten möglichst aktuell sein,
- *Vollständigkeit:* es sollten möglichst alle im Kontext einer bestimmten Fragestellung interessierenden Informationen erhoben werden,
- *Zuverlässigkeit/Wiederholbarkeit:* die Reliabilität zeigt an, ob es bei einer wiederholten Messung zu ähnlichen Untersuchungsergebnissen kommt,
- *Gültigkeit:* die Validität von Informationen liefert Aussagen darüber, inwieweit ein Messergebnis auch tatsächlich auf den zu untersuchenden Sachverhalt Bezug nimmt,
- *Akzeptanz:* die Fragen und die Mitarbeiterbefragung sollten von den Beschäftigten akzeptiert werden und
- *Kosten-Nutzen-Relation:* Kosten und Nutzen der Informationserhebung müssen in einem angemessenen Verhältnis stehen (u. a. Hausmann 2022b; Bungard 2018, S. 180 ff.).

An dieser Stelle soll näher auf das Veränderungspotenzial der Fragen eingegangen werden. Es gilt, dass grundsätzlich nichts abgefragt werden sollte, was nicht verändert werden kann oder werden soll. Werden Themen sehr negativ bewertet und es erfolgen daraus keine Veränderungen, führt die Mitarbeiterbefragung zu Demotivation und Unzufriedenheit im Haus. Aus diesem Grund sollten Fragebögen, die in anderen Wirtschaftssektoren verwendet werden, auf ihre Übertragbarkeit auf den Kulturbetrieb geprüft werden. So kann beispielsweise die Standardfrage nach der Zufriedenheit mit dem Gehalt in einem öffentlichen getragenen Kulturbetrieb großen Unmut auslösen. Hier hat die Kulturbetriebsleitung in vielen Fällen nur einen geringen Gestaltungsspielraum und kann nur schwer Veränderungen veranlassen. Gleichzeitig dürfen schwierige Themen, die den Beschäftigten wichtig sind, nicht einfach ignoriert werden. Eignen sich Themen aus bestimmten Gründen nicht für den Fragebogen, können sie in sogenannten Themenspeichern gesammelt werden.

Neben den inhaltlichen Themenschwerpunkten werden in Mitarbeiterbefragungen üblicherweise auch einige *demografische Daten* bzw. *strukturelle Merkmale* abgefragt. Um die Anonymität der Teilnehmer/innen zu gewähren, sollten abhängig von der Kulturbetriebsgröße maximal vier strukturelle Merkmale erhoben werden. Wie bereits angesprochen, sollten nur diejenigen Informationen abgefragt werden, die zwingend zur Beantwortung der Forschungsfragen benötigt werden. Dies gilt auch für die demografischen Angaben. Sollen zum Beispiel die unterschiedlichen Bedürfnisse jüngerer und älterer Mitarbeiter/innen identifiziert und miteinander verglichen werden, ist es nicht notwendig, das genaue Geburtsjahr aller Teilnehmer/innen zu wissen. Es reicht aus, wenn sich diese z. B. Intervallen zuordnen (siehe Abb. 2.2).

2. *Aufbau des Fragebogens*

Neben der eigentlichen Fragenformulierung sollten die Items im Fragebogen in einer logischen Reihenfolge stehen:

- Die erste Seite des Fragebogens enthält in der Regel einen kurzen Einführungstext. Hier geht es darum, den Teilnehmer/innen noch einmal einen Überblick über die wichtigsten Informationen zu geben (Zweck und Ziel der

Welcher Altersgruppe gehören Sie an?
❑ jünger als 20 Jahre
❑ 20 bis 29 Jahre
❑ 30 bis 39 Jahre
❑ 40 bis 49 Jahre
❑ 50 Jahre und älter
❑ keine Angabe

Abb. 2.2 Altersangabe in Intervallform

Befragung, Datenschutz und Anonymität, Dauer der Bearbeitung, ggf. eine Anleitung, wie der Fragebogen auszufüllen ist) und sie zur Teilnahme einzuladen. Werden personenbezogene Daten erhoben, müssen die Mitarbeiter/innen der Verarbeitung vor der Befragung zustimmen (siehe auch Abschn. 2.1.3).

Startseite Mitarbeiterbefragung
Liebe Mitarbeiter/innen,

das ABC-Museum möchte gerne mehr über Ihre Arbeitszufriedenheit und Weiterbildungsbedarfe erfahren. Wir freuen uns, wenn Sie sich circa 20 min Zeit nehmen und die Mitarbeiterbefragung unterstützen!

Ihre Daten werden streng vertraulich behandelt und anonym ausgewertet.

Herzlichen Dank für Ihre Mitarbeit!

Direktor/in des Museums.

Wenn Sie mit der Verarbeitung Ihrer personenbezogenen Daten einverstanden sind, bestätigen Sie bitte und klicken Sie auf „Weiter", um zum Fragebogen zu gelangen.

Wenn Sie mehr Informationen über die Verarbeitung Ihrer personenbezogenen Daten wünschen, bitte auf **folgenden Link** klicken.

☐ Ich stimme zu, dass meine personenbezogenen Daten gemäß den hier aufgeführten Angaben verarbeitet werden.

- Sachfragen stellen den *Hauptteil* der Befragung dar. Sie werden i. d. R. thematisch in Blöcke sortiert. Darüber hinaus sollte den Teilnehmer/innen durch Einleitungs- und Eisbrecherfragen die Befangenheit genommen und die Auskunftsbereitschaft gefördert werden. Demografische Angaben sollten erst am Ende des Hauptteils stehen, da es sich hierbei um einen besonders sensiblen Teil der Befragung handelt, bei dem die Befragung auch häufig abgebrochen wird.
- Wenn im Hauptteil der Befragung wenig bis keine offenen Fragen gestellt wurden, sollten die Teilnehmer/innen als Abschluss die Möglichkeit haben, in einem Freitextfeld Verbesserungsvorschläge und Anregungen zu nennen.

- Am *Ende* der Befragung – auf der letzten Seite – wird den Beschäftigten für ihre Teilnahme gedankt. Ggf. kann hier auch noch der Hinweis auf den weiteren Verlauf (z. B. Ergebnispräsentation) gegeben werden.

3. *Umfang des Fragebogens*

Der Fragebogen sollte so kurz wie möglich und so lang wie nötig sein – immer vorausgesetzt, dass ein geringer Umfang nicht auf Kosten der Erfassung wesentlicher Daten geht. Da die Aufmerksamkeitsspanne von befragten Personen für gewöhnlich nach 30 min deutlich abnimmt (Nürnberg 2017, S. 41), gilt, dass das Ausfüllen des Fragebogens etwa 20 min dauern sollte. Da die Teilnehmer/innen durchschnittlich ein bis zwei Fragen pro Minute beantworten, bedeutet dies, dass der Fragebogen ca. 20 bis 40 Fragen enthält. Dabei handelt es sich um einen Näherungswert, denn wie lange die befragten Personen tatsächlich brauchen, hängt immer auch davon ab, welcher Fragetyp verwendet wird (z. B. offene oder geschlossene Fragen, Länge von Frage-/Itembatterien) und wie geübt die Befragten mit Methoden der empirischen Sozialforschung sind.

4. *Layout des Fragenbogens*

Neben dem Inhalt, dem Aufbau und dem Umfang stellt das Layout den vierten wichtigen Faktor der Fragebogenkonstruktion dar. Unabhängig davon, ob die Befragung mithilfe eines Online- oder Papierfragebogens durchgeführt wird, ist es wichtig, diesen möglichst optisch ansprechend und benutzerfreundlich für die Teilnehmer/innen zu gestalten. Hilfreich sind dabei kurze Texte, klare Abgrenzungen der Themenblöcke (z. B. durch Nummerierungen oder Überschriften) sowie farbliche Abstufungen oder Grafiken (Scholz et al. 2012, S. 88). Online-Befragungen sollten zusätzlich über Fortschrittsbalken verfügen, die anzeigen, an welcher Stelle sich die Teilnehmer/innen befinden.

2.2   Durchführungsphase

In der Durchführungsphase zeigt sich, wie gut in der Planungsphase bereits gearbeitet wurde. In diesem Teil der Befragung werden nun die Daten erhoben (siehe Abschn. 2.2.2), ausgewertet und interpretiert (siehe Abschn. 2.2.3) sowie präsentiert (siehe Abschn. 2.2.4). Damit die Befragung an sich reibungslos abläuft, sollte im Vorfeld der eigentlichen Durchführung immer ein Pretest (auch Test- oder Vorerhebung genannt) durchgeführt werden.

2.2.1 Pretest

Beim Pretest wird geprüft, ob sich die Form und Methode der Befragung (z. B. ein Online-Fragebogen) für die eigentliche Untersuchung eignet und die Beschäftigten die Fragen richtig verstehen und beantworten können. Der Pretest kann in zwei Schritten erfolgen. Im ersten Schritt prüfen und diskutieren Expert/innen (z. B. externe Beratung) die Erhebung. Im zweiten Schritt wird der Fragebogen unter möglichst realen Bedingungen getestet. Bei dieser Simulation können folgende Punkte geprüft und ggf. verbessert werden:

- Verständlichkeit und Vollständigkeit (z. B. Fragen und/oder Antwortmöglichkeiten),
- Zeit und Dauer,
- Setting: Befragungssituation/-ort, Technik,
- Auswertungsprogramm und Verwertbarkeit der Daten.

Die Testpersonen für den Pretest können per Quoten- oder Zufallsstichprobe ausgewählt werden. Es ist allerdings nicht ratsam (zu) viele Personen in den Pretest einzubeziehen, da viele unterschiedliche Meinungen und Ansichten das Testverfahren eher verkomplizieren als unterstützen. Effizienter und zielführender ist es, den Pretest mit einem kleinen Kreis an Beschäftigten in mehreren Runden durchzuführen (Borg 2000, S. 129). Erfahrungsgemäß kann davon ausgegangen werden, dass die Teilnehmer/innen ihren Kolleg/innen vom Pretest und den Fragen erzählen. Damit dies im Sinne des Projektes geschieht, weist Borg (2000, S. 130) darauf hin, dass die Pretester/innen vorab von der Sinnhaftigkeit des Projekts überzeugt sein sollten, um als Promotor/innen fungieren zu können. Auch sollten sie vor dem Pretest über die aktuelle Phase informiert werden (erste Version, Feinabstimmung etc.), um den Status quo besser einzuordnen. Auch bei kleineren, augenscheinlich „einfacheren" Studien oder Mitarbeiterbefragungen, die regelmäßig wiederholt werden, sollte auf einen Pretest nicht verzichtet werden.

2.2.2 Datenerhebung

Nach dem erfolgreichen Abschluss des Pretests, kann nun mit der eigentlichen Datenerhebung begonnen werden. Je nach Befragungsform wird hier entweder der Link der Online-Befragung freigeschaltet oder die Papierfragebögen werden verteilt bzw. versandt. Bei beiden Methoden ist es wichtig, mit den Beschäftigten noch einmal Kontakt aufzunehmen und sie explizit zur Befragung einzuladen. In einem Anschreiben sollten hierbei erneut die wichtigsten Informationen zusammengefasst werden (siehe Beispiel Einladungs-Mail im Infokasten sowie Hausmann 2022a). Besonders wichtig für die Motivation der Teilnehmer/innen ist dabei, dass die Bitte zur Beteiligung durch die Kulturbetriebsleitung erfolgt (Müller et al. 2007b, S. 47).

Textbausteine: E-Mail für die Einladung zur Teilnahme an einer Online-Umfrage in einem Museum

Zeitrahmen, Ziele und Gründe der Befragung	Liebe Mitarbeiter/innen, unabhängig davon, ob Sie schon lange oder erst kurz am ABC-Museum arbeiten und welcher Tätigkeit Sie nachgehen: Uns ist es wichtig, Ihre Meinung zu verschiedenen Themen wie Arbeitszufriedenheit, Arbeitsbedingungen und Personalentwicklung zu hören, um auf diese Weise mehr über die Stärken und Schwächen unseres Museums zu erfahren. Wir möchten Sie daher einladen, sich etwa 20 min Zeit zu nehmen und den Onlinefragebogen auszufüllen. Sie können ab heute bis zum 25. Oktober unter folgendem Link an der Mitarbeiterbefragung teilnehmen: #Link zur Umfrage#
Zusicherung von Anonymität und Freiwilligkeit	Es gibt dabei keine richtigen oder falschen Antworten. Nur Ihre Sichtweise ist wichtig! Die Teilnahme an der Befragung ist freiwillig. Eine hohe Beteiligung hilft uns jedoch, ein umfassendes Bild von Ihrer Arbeit am ABC-Museum zu gewinnen. Je mehr Mitarbeiter/innen sich an der Befragung beteiligen, desto aussagekräftiger sind die Ergebnisse! Daher bitten wir herzlich um Ihre Teilnahme. Das Institut für Kunstmanagement Ludwigsburg (IKML) führt die Befragung als unabhängiges Forschungsinstitut durch. Daher werden Ihre Daten selbstverständlich absolut anonym und vertraulich behandelt. Wir haben das IKML als unabhängiges Forschungsinstitut mit der Durchführung der Umfrage beauftragt. Die Daten werden vom IKML erhoben und ausgewertet, so dass keine Rückschlüsse auf einzelne Personen möglich sind. Die Umfrage findet auf einem externen Server statt, auf den nur das IKML Zugriff hat.

Ansprechpartner/innen	Wenn Sie Fragen zum Ausfüllen des Fragebogens haben, wenden Sie sich bei inhaltlichen Fragen bitte an das IKML unter mab@ikml.de. Bei technischen Fragen wenden Sie sich bitte an technik@abcmuseum.de.
Auswertung und nächste Schritte	Die Auswertung der Befragung wird Ihnen voraussichtlich im Dezember im Rahmen einer Generalversammlung vorgestellt. Im nächsten Jahr sollen dann basierend auf den Ergebnissen gemeinsam Maßnahmen entwickelt werden.

Die Teilnehmer/innen sollten in der Befragungsphase die Möglichkeit haben, technische und inhaltliche Rückfragen zu stellen. Hierzu müssen im Vorfeld Ansprechpartner/innen bzw. eine Infostelle/Servicehotline organisiert und bekannt gegeben werden. Darüber hinaus empfiehlt es sich, im Vorfeld und im Laufe der Befragung typische und wiederkehrende Anfragen zu sammeln und in Form eines FAQ-Dokuments aufzuarbeiten (Brüggmann 2015b, S. 128).

Grundsätzliches Ziel der Datenerhebung ist es, eine möglichst hohe Teilnahmequote zu erreichen. Aus diesem Grund erfolgt während der Datenerhebung eine regelmäßige Kontrolle des Rücklaufs (z. B. Rücklaufquote der Fragebögen). Gewöhnlich steigt die Beteiligung direkt nach Beginn der Befragung sprunghaft an, um dann langsam abzuflachen. Um die Teilnahmequote zu erhöhen, ist es empfehlenswert, nach etwa der Hälfte der Befragungszeit ein Erinnerungsschreiben zu versenden. Dieser Reminder sollte sich auf jeden Fall an alle Beschäftigten richten. Wird er nur an diejenigen Personen versandt, die noch nicht an der Befragung teilgenommen haben, kann an der Anonymität der Befragung gezweifelt werden. Auch sollte das Instrument sparsam eingesetzt werden, um die Mitarbeiter/innen nicht unter Druck zu setzen und die Freiwilligkeit der Befragung nicht infrage zu stellen.

Auf Anreize (Incentives), wie es bei Besucherbefragungen durchaus üblich und sinnvoll ist (Gewinnspiele, freie Eintrittskarten etc.), sollte verzichtet werden. Wird die Beteiligung an der Befragung mit mehr als nur einem kleinen Goodie wie einem Kugelschreiber belohnt, entsteht bei den Beschäftigten schnell der Eindruck der „Bezahlung". Dies kann die intrinsische Motivation und Freiwilligkeit, an der Befragung teilzunehmen, negativ beeinflussen (Müller et al. 2007b, S. 47).

Mitarbeiterbefragungen in Krisenzeiten

Mitarbeiterbefragungen werden u. a. mit dem Ziel durchgeführt, Konflikte und Schwierigkeiten frühzeitig zu erkennen, um diesen rechtzeitig entgegensteuern zu können. Aber auch wenn Probleme bereits offensichtlich sind, sollten Kulturbetriebe Befragungsprojekte nicht aus Angst vor negativem Feedback oder geringen Rücklaufquoten absagen. Vielmehr ist es wichtig, sie bewusst anzustoßen. Ein Beispiel hierfür ist das Mecklenburgische Staatstheater. Die Befragung des Theaters wurde aufgrund der hohen Unzufriedenheit der Belegschaft mit der Personalführung und der Spielplangestaltung des Generalintendanten durchgeführt. Ziel der Befragung war es, den Beschäftigten die Chance zu geben, ihre Sorgen zu äußern. Um das Betriebsklima und die allgemeine Situation am Haus gemeinsam zu verbessern, sollen aus den Ergebnissen konkrete Maßnahmen abgeleitet werden (Dpa 2019). Wenn Mitarbeiterbefragungen in Krisensituationen durchgeführt werden, kann dies das Vertrauen des Personals in die Veränderungsbereitschaft des Arbeitgebers erhöhen. Gleichzeitig drücken die Initiator/innen der Befragung mit diesem Projekt den Beschäftigten Wertschätzung und Interesse aus.

2.2.3 Auswertung und Analyse der Daten

Zu Beginn der Datenauswertung müssen die im Feld erhobenen Rohdaten für die eigentliche Analyse vorbereitet werden. Um zu gewährleisten, dass die Daten im weiteren Verlauf bestmöglich ausgewertet werden können, sind zwei Schritte zu berücksichtigen (Scholl 2018, S. 186):

1. Die Daten müssen zuerst in geeignete Analyse- und Datenverwaltungssoftware übertragen werden *(Import)*. Es ist mittlerweile Standard, dass sowohl quantitative als auch qualitative Rohdaten computergestützt verarbeitet und analysiert werden. Hierfür eignen sich Programme wie SPSS, SAS und Excel für numerische Informationen und MAXQDA für Bild-, Audio- und Videodateien. Während die Daten von Online-Befragungen bereits elektronisch vorliegen, müssen die Antworten von Papier-Fragebögen vor dem Import

zuerst verschriftlicht, händisch eingegeben oder maschinell mit einer bestimmten Scan-Software eingelesen werden. Da es dabei zu Übertragungsfehlern kommen kann, sollte die manuelle Erfassung doppelt geprüft werden.

2. Nach dem ersten Schritt erfolgt die *Datenbereinigung*, d. h. die Daten werden auf Fehler und Plausibilität überprüft. Werte können u. a. unbrauchbar bzw. nicht auswertbar sein, wenn

   – Fragebögen nach dem immer gleichen Schema beantwortet wurden (z. B. alle Fragen wurden mit dem höchsten Wert „stimme voll zu" bewertet).
   – Fragen nur teilweise bzw. unvollständig beantwortet wurden.
   – ein Fragebogen unrealistisch schnell bearbeitet wurde (hier besteht der Verdacht, dass der Fragebogen nur gedankenlos „durchgeklickt" wurde).
   – sich Teilnehmer/innen nicht oder fehlerhaft einer Organisations- bzw. Analyseeinheit zugeordnet haben (etwa, wenn die Rücklaufquote der Führungskräfte über 100 % beträgt).

Wenn die Daten nicht vollständig und plausibel sind, muss diskutiert werden, wie mit den jeweiligen Fehlern verfahren wird; welche Daten können einbezogen, aussortiert oder ggf. korrigiert werden? Unabhängig davon, wie verfahren wird, müssen die endgültigen Entscheidungen offen kommuniziert werden, z. B. als Anlage im Ergebnisbericht. Nach der Datenbereinigung ist es möglich, die finale Teilnahmequote zu berechnen. Der Rücklauf kann zwar bereits während der Befragung beobachtet werden (z. B. durch abgegebene Papierfragebögen, Onlinemonitoring), jedoch sollte auch darüber informiert werden, wie viele Beschäftigte den Fragebogen letztendlich (korrekt) ausgefüllt haben.

Was sagt die Rücklaufquote aus?

In der Praxis stellt sich immer wieder die Frage, welche Teilnahmequoten bei Mitarbeiterbefragungen erwartet werden können und ab wie vielen Personen Befragungen repräsentativ sind. Die erste Frage lässt sich im Vorfeld einer Mitarbeiterbefragung nicht pauschal beantworten. Rücklaufquoten sind dafür von zu vielen Faktoren abhängig (z. B. von der aktuellen Stimmungslage im Kulturbetrieb, der Art und Weise der Kommunikation, der Einbindung der Mitarbeiter/innen in die Vorbereitung) und können demnach von Kulturbetrieb zu Kulturbetrieb stark divergieren (Thielsch & Weltzin 2013, S. 89). Dennoch ist die Rücklaufquote grundsätzlich ein wichtiger Indikator, der anzeigt, wie die Beschäftigten die Befragung annehmen und wie motiviert sie sind, am weiteren Prozess teilzunehmen. Daher gilt: Je höher die Rücklaufquote, desto besser (z. B. auch im Hinblick auf die Akzeptanz der Ergebnisse). Gleichzeitig muss bedacht werden, dass nie alle Mitarbeiter/innen eines Kulturbetriebs gleichzeitig befragt werden können (z. B. aufgrund von Mutterschutz, Elternzeit oder Krankheit). Als Faustregel gilt, dass ein Rücklauf ab 50 % als akzeptabel bzw. gut und ab 80 % als sehr gut bezeichnet werden kann (Müller et al. 2021, S. 78).

Zur zweiten Frage lässt sich festhalten, dass eine hohe Rücklaufquote ein positiver Indikator für eine repräsentative Befragung ist. Als repräsentativ gilt eine Befragung, wenn die Zusammensetzung des Samples möglichst genau die Grundgesamtheit aller teilnahmeberechtigten Personen im Kulturbetrieb widerspiegelt (Wübbenhorst 2018).

Vor der Auswertung sollte des Weiteren geklärt werden, wie mit den Rohdaten (Papierfragebögen, Daten, die auf den Servern des Befragungsunternehmens gespeichert wurden) verfahren werden soll. Grundsätzlich sollten Rohdaten nur so lange wie sie wirklich benötigt werden, aufbewahrt werden. Papierbögen sollten im Anschluss geschreddert und Onlinedaten unwiderruflich gelöscht werden.

Die *eigentliche Datenauswertung* ist abhängig von der Art der Fragen und den dazu gehörigen Antwortkategorien. Grundsätzlich ist es möglich, am Beginn der Analyse in eine Auswertung von quantitativen und qualitativen Daten zu unterscheiden, die mit hierfür geeigneten statistischen Methoden aufbereitet und ausgewertet werden.

Quantitative Auswertung
Quantitative Daten können in absoluten und relativen *Häufigkeiten* angegeben werden, die die konkrete Stichprobenverteilung wiedergeben.

- Die absolute Häufigkeit gibt an, wie viele der befragten Personen sich Weiterbildungsmaßnahmen wünschen.
- Die relative Häufigkeit zeigt an, wie groß der prozentuale Anteil dieser Personen im Vergleich zu den anderen Teilnehmer/innen ist.

Da in Mitarbeiterbefragungen häufig Skalen verwendet werden, ist es möglich, die Häufigkeiten der einzelnen Antwortmöglichkeiten nicht nur wiederzugeben, sondern sie auch – zur besseren Lesbarkeit – zusammenzufassen. Auch dies soll an einem Beispiel verdeutlicht werden: In einer Befragung wird mithilfe einer fünfstufigen Likert-Skala abgefragt, wie zufrieden die Mitarbeiter/innen mit den Weiterbildungsmaßnahmen sind. Bei dieser Frage wurden die Antwortoptionen

- „sehr zufrieden" 34 Mal angekreuzt,
- „zufrieden" 20 Mal angekreuzt,
- „weder noch" 2 Mal angekreuzt,
- „unzufrieden" 8 Mal angekreuzt,
- „überhaupt nicht zufrieden" 6 Mal angekreuzt.

Die Zustimmung („sehr zufrieden; „zufrieden") und Ablehnung („unzufrieden"; „überhaupt nicht zufrieden") können gebündelt dargestellt werden. Es lässt sich die vereinfachte Aussage treffen, dass von den insgesamt 70 befragten Personen rund 77 % mit den Weiterbildungsmaßnahmen zufrieden und rund 20 % nicht zufrieden sind.

Neben den reinen Prozentanteilen lassen sich bei Skalen mit gleich großen Abständen zwischen ihren Antwortmöglichkeiten *Mittelwerte* errechnen. Dazu werden die Kategorien der Skala zunächst numerisch codiert (z. B. „stimme voll zu" = 1, „stimme zu" = 2, usw.). Der Mittelwert ist der Durchschnittswert aller Personen, die diese Frage beantwortet haben. Jedoch muss bedacht werden, dass den meisten Beschäftigten Angaben wie 2,34 nichts sagen, da hierzu methodische Vorkenntnisse benötigt werden (Borg 2002, S. 70). Wir empfehlen daher Prozentzahlen zu verwenden, wenn die Ergebnisse allen Mitarbeiter/innen vorgestellt werden.

Darüber hinaus ist es auch möglich, sogenannte *multivariate Datenanalysemethoden* zur Auswertung heranzuziehen. Dabei werden zwei oder mehrere Variablen gemeinsam betrachtet, um mögliche Zusammenhänge zwischen diesen Erhebungsmerkmalen aufzudecken. Oft eingesetzt werden sogenannte *Kreuz-* oder *Kontingenzanalysen*. Kreuztabellen stellen dabei in absoluten und relativen Häufigkeiten dar, wie oft die jeweilige Kombinationen von Variablen vorkommen. Mithilfe einer Kontingenzanalyse kann ermittelt werden, ob wirklich ein signifikanter Zusammenhang zwischen den Variablen besteht oder das Ergebnis nur ein Zufall ist.

Qualitative Auswertung

Im Vergleich zur Analyse quantitativer Daten ist die Auswertung von offenen Fragen bzw. qualitativen Angaben zeitaufwendiger und anspruchsvoller. Zusatzkommentare und Freitextfelder liefern häufig eine Masse an vielfältigen Informationen, die es erst einmal zu sortieren und kategorisieren gilt. Üblicherweise werden die offenen Angaben nach Schlagwörtern durchsucht und thematisch zusammengefasst, d. h.

geclustert. Durch dieses Verfahren werden die einzelnen Antworten anonymisiert und es ist möglich, Häufigkeiten zu errechnen.

Nachdem die deskriptive, also beschreibende statistische Darstellung vorliegt, sollten die Ergebnisse der Mitarbeiterbefragung auch *interpretiert* werden. Hierbei gilt es u. a. besonders kritische Aspekte herauszuarbeiten, Zusammenhänge herzustellen und die Resultate systematisch einzuordnen. In der Literatur finden sich hierfür viele unterschiedliche Zugänge, von denen einige zentrale Herangehensweisen nachfolgend kurz vorgestellt werden (u. a. Jöns & Müller 2007b, S. 59 f.; Borg 2002, S. 76 ff.):

Mithilfe von sogenannten *Benchmarks* werden die Daten in einem vorab definierten Rahmen (z. B. intern, extern oder zeitlich) verglichen. Dieses Vorgehen bietet eine erste Orientierungshilfe, um die Ergebnisse zu bewerten.

- Bei internen Vergleichen ist es so möglich, die Daten von einzelnen Gruppen auf derselben Ebene oder unterschiedlichen Ebenen einander gegenüberzustellen. Ein Vorteil dabei ist, Best-Practice-Beispiele im eigenen Kulturbetrieb zu identifizieren (Hossiep & Frieg 2013, S. 66), jedoch sollte auch beachtet werden, dass der Vergleich von Organisationseinheiten teilweise nur bedingt zielführend ist (z. B. wenn die Abteilungen sehr in ihrer Personalstärke und ihren Arbeitsfeldern divergieren oder dadurch ein interner Konkurrenzkampf ausgelöst werden kann).
- Externe Benchmarks helfen dabei, den eigenen Kulturbetrieb mit anderen Einrichtungen zu vergleichen und so das eigene Niveau zu beurteilen. Inwieweit dieses Vorgehen funktioniert, ist fraglich, da kaum Vergleichsdaten für die Kulturbranche vorliegen und eine Gegenüberstellung mit Betrieben aus anderen Sektoren nur bedingt möglich ist.
- Wenn Mitarbeiterbefragungen wiederholt durchgeführt werden, ist es empfehlenswert, die Resultate mit denen der Vorjahre zu vergleichen. Dabei könnten sowohl Verbesserungen oder Verschlechterungen erkannt werden – vorausgesetzt es wurden dieselben Fragen gestellt.

Um *Auffälligkeiten* und *Zusammenhänge* zu identifizieren, werden zuerst die Fragen bzw. Bereiche herangezogen, die besonders schlecht oder gut abgeschnitten haben. Dabei muss mithilfe der verfügbaren Informationen und wissenschaftlichen Erkenntnisse untersucht werden, von welchen Treibern das Ergebnis genau abhängt (z. B. kann die Arbeitsbelastung der Teilnehmer/innen vor allem von der internen Kommunikation abhängig sein). Um diese Zusammenhänge aufzudecken, werden u. a. die bereits vorgestellten Kreuz- oder Kontingenzanalysen durchgeführt. Die

„richtigen" Bezüge herzustellen, ist eine sehr herausfordernde und wichtige Aufgabe, da hierbei erste Ansatzpunkte für die Follow-up-Aktionen gefunden werden können (Nürnberg 2017, S. 80).

Eine weitere Herangehensweise ist es, die Ergebnisse der Mitarbeiterbefragung nach ihrer *Zielrelevanz* zu untersuchen. Dabei werden sie mit den operativen und strategischen Plänen des jeweiligen Kulturbetriebs in Verbindung gesetzt, um Chancen und Risiken bzw. Stärken und Schwächen zu identifizieren (Jöns & Müller 2007b, S. 59 f.). Um eine derartige Analyse durchführen zu können und zu erkennen, wo Handlungsbedarfe bestehen, muss die Kulturbetriebsleitung klare Leistungs- und Zielvorstellungen benennen.

2.2.4 Ergebnispräsentation

Für gewöhnlich besteht bei den Beschäftigten in den ersten beiden Monaten nach der Befragung ein hohes Interesse an den Ergebnissen, welches danach stetig abnimmt (Nürnberg 2017, S. 71). Um die Aufmerksamkeit der Mitarbeiter/innen hochzuhalten, sollten die Ergebnisse daher relativ schnell nach Befragungsende kommuniziert werden. Ein weiteres Argument, für die schnelle interne Veröffentlichung der Daten ist ihre Halbwertszeit. Verstreicht zu viel Zeit zwischen Erhebung und Präsentation, können die Informationen nicht mehr der aktuellen Situation im Kulturbetrieb entsprechen.

Die Ergebnisse der Mitarbeiterbefragung werden in der Regel zunächst *top-down* kommuniziert. Das bedeutet, dass nach der obersten Leitungsebene erst die Führungskräfte und dann die Mitarbeiter/innen über die Ergebnisse informiert werden.

Die Präsentation kann sowohl mündlich als auch schriftlich erfolgen und basiert in der Regel auf einem Ergebnisbericht. In diesem werden die Ergebnisse der Datenauswertung dargestellt und grafisch aufbereitet, um die Informationen übersichtlich, anschaulich und schnell verständlich zu präsentieren. Bei der Auswahl der Darstellungsformate für quantitative Daten (Kreisdiagramme, gestapelte Balken, „Tacho"-Anzeige etc.) muss bedacht werden, welche Information zu welchem Zweck dargestellt werden soll. Dies gilt auch für qualitative Daten; sie werden meist in sogenannten Wortwolken abgebildet. Dabei werden häufig genannte Wörter größer und weniger oft genannte Begriffe kleiner angezeigt, was eine schnelle Erfassung der Ergebnisse ermöglicht.

Neben der grafischen Darstellung sollten die Daten auch auf eine Art und Weise kommentiert und erläutert werden, sodass sie für jede/n Mitarbeiter/in verständlich sind. Tiefergehende Analysen (z. B Benchmarking) helfen den

Beschäftigten dabei, Handlungsbedarfe zu erkennen bzw. abzuleiten. Grundsätzlich gilt es bei der Erstellung von Ergebnisberichten einen Mittelweg zwischen
zu vielen und zu wenigen Informationen zu finden: Auf der einen Seite dürfen keine relevanten Ergebnisse für die Interpretation fehlen und es sollten alle
Fragen aufgeführt werden, damit nicht der Verdacht aufkommt, dass Ergebnisse
unterschlagen wurden. Auf der anderen Seite sollten die Empfänger/innen auch
nicht von einer Datenflut überfordert werden.

Diese einzelnen Kommunikationsschritte sollten möglichst zügig hinterein-
ander ablaufen, damit direkt im Anschluss *bottom-up* ein Rückfluss beginnen
kann, bei dem die Beschäftigten den Führungskräften bzw. der Kulturbetriebsleitung ihre identifizierten Probleme und mögliche Maßnahmen zurück spiegeln
können (Jöns & Müller 2007b, S. 56). Es muss beachtet werden, dass Mitarbeiterbefragungen häufig auch heikle Themen zum Inhalt haben bzw. zur Sprache
bringen können. Daher sollten sich sowohl die Geschäftsführung als auch die
Führungskräfte vor der Präsentation auf der jeweiligen nachfolgenden Ebene auf
(mögliche) Reaktionen vorbereiten und ggf. erste Vorschläge und Ideen für das
weitere Vorgehen mitbringen.

Es ist zwar möglich, die Ergebnisse den Beschäftigten schriftlich mitzu-
teilen (etwa in Zeitschriftenartikeln, Aushängen, Rundschreiben). Jedoch sollte
diese Präsentationsform, immer von mündlichen Aktionen flankiert werden. Ein
passendes Instrument hierfür sind Informationsveranstaltungen (z. B. Betriebs-
versammlungen). Sie eignen sich besonders dafür, die Mitarbeiter/innen des
Kulturbetriebs allgemein und erstmalig über die Resultate der Befragung zu informieren. Bei dieser Veranstaltung stellt die für die Befragung verantwortliche
Person die Ergebnisse allen Beschäftigten vor. Die Kulturbetriebsleitung nutzt
diese Gelegenheit i. d. R. um sich bei den Beschäftigten persönlich für deren
Teilnahme zu bedanken. Der direkte Austausch ermöglicht es, erste Nachfragen
seitens der Beschäftigten zu beantworten. Allerdings muss beachtet werden, dass
vor allem in einer größeren Gruppe eine aktive und tiefergehende Diskussion
nicht möglich ist.

Beurteilungsfehler
Die Ergebnisse der Befragung können nicht nur während der Durchführung, sondern auch nach dem Ende der Mitarbeiterbefragung bewusst, aber
vor allem auch unbewusst verfälscht werden. Die Literatur unterscheidet
hierbei zwischen einer Vielzahl an Beurteilungsverzerrungen (ausführlicher
u. a. Bischof 2015, S. 162 f.; Becker 2002, S. 125 ff.), von denen einige
nachfolgend kurz skizziert werden:

- *Primär-Effekt:* Der erste Eindruck wirkt sich auf die Bewertung der gesamten Befragung aus; nachfolgende Aspekte, die nicht zum ersten Eindruck passen, werden übersehen oder passend gemacht.
- *Rezenz-Effekt:* Die zuletzt betrachteten Ergebnisse bzw. Erkenntnisse bleiben besser im Gedächtnis und werden dadurch überbewertet.
- *Halo-Effekt:* Einzelne Aspekte und Merkmale (positive als auch negative) überstrahlen das Gesamtbild.
- *Überbetonen negativer Informationen:* Negative Aspekte werden stärker gewichtet als positive.
- *Andorra-Effekt:* Die Auswertung der Ergebnisse wird von den Erwartungen der beurteilenden Personen beeinflusst; es kommt dabei zu einer „selbst erfüllenden Prophezeiung".

Menschliche Wahrnehmungsfehler sind natürlich, sollten aber sowohl bei der Ergebnisinterpretation als auch bei der Maßnahmenabteilung mit den Beschäftigten bedacht und ggf. auch angesprochen werden. Das Wissen, dass unbewusste Verfälschungen passieren können, kann dabei helfen, sich bei der Arbeit mit den Ergebnissen nicht zu sehr vom eigenen Urteil beeinflussen zu lassen (Bischof 2015, S. 162).

2.3   Follow-up-Phase

Nach der ersten Kommunikation der Ergebnisse beginnt die Follow-up-Phase. In dieser werden Maßnahmen aus den Resultaten der Mitarbeiterbefragung abgeleitet (siehe Abschn. 2.3.1), umgesetzt (siehe Abschn. 2.3.2) und anschließend evaluiert (siehe Abschn. 2.3.3).

2.3.1   Ableitung von Maßnahmen

Berichte (mündlich oder schriftlich) allein reichen noch nicht aus, um den Kulturbetrieb für den Veränderungsprozess zu mobilisieren. Erst in der gemeinsamen Diskussion können Strategien und Maßnahmen entwickelt werden, die Verbesserungen herbeiführen. Für die konkrete Maßnahmenableitung existiert keine verbindliche, einheitliche Strategie; vielmehr wird der konkrete Ablauf maßgeblich vom Ziel und Thema der Befragung sowie der Größe, der Struktur und den

Ressourcen des Kulturbetriebs bestimmt. Ein häufig eingesetztes und etabliertes Format für die Follow-up-Phase sind Workshop- und Gesprächsrunden (sowohl für Führungskräfte als auch für die Mitarbeiter/innen). In diesen werden die Ergebnisse der Mitarbeiterbefragung dezentral und in Kleingruppen bearbeitet, was mehrere Vorteile bietet:

- Die Beschäftigten werden stärker in den Prozess eingebunden und setzen sich tiefergehend mit den Befragungsresultaten auseinander.
- Die Akzeptanz für Veränderungsprozesse steigt, wenn die Mitarbeiter/innen selbst Lösungen für einzelne Fragen entwickeln.
- Der Austausch mit den Führungskräften und/oder den eigenen Kolleg/innen wird angeregt und verstärkt.
- Die Beteiligten lernen Feedback zu geben sowie damit umzugehen und zu arbeiten.
- Fragen oder Missverständnisse können geklärt und ggf. korrigiert werden.

In den Workshops identifiziert jede Gruppe für gewöhnlich bereichsspezifische und übergreifende Handlungsfelder und spiegelt diese bottom-up bis zur obersten Leitungsebene zurück. Die für die Veränderungen benötigten Einzelmaßnahmen werden dann von den jeweiligen betroffenen und zuständigen Personen, Gruppen oder Gremien geplant und umgesetzt. So werden beispielsweise Themen, die den gesamten Kulturbetrieb betreffen (z. B. Arbeitszeitsystem) auf Ebene der Geschäftsführung weiterbehandelt. Bereichsspezifische Themen (Zusammenarbeit im Team etc.) werden innerhalb der Abteilung besprochen und eigenständig bearbeitet. Dabei sollten auch die im Kulturbetrieb bereits bestehenden Initiativen und Projekte berücksichtigt werden, um in deren Aktivitäten passende Maßnahmen integrieren zu können.

Bei der Maßnahmenableitung gilt es grundsätzlich, blinden „Aktionismus" zu vermeiden. Vielmehr sollte sich ein Kulturbetrieb auf einige wenige Maßnahmen fokussieren, um diese nachhaltig umsetzen und verankern zu können (Müller et al. 2021, S. 102). Maßnahmen, die sich für eine Umsetzung eignen, zeichnen sich vor allem durch ihre Qualität, ihre Umsetzbarkeit sowie Sichtbarkeit und Spürbarkeit für die Beschäftigten und die Kultureinrichtung aus (ebd.).

Voraussetzung, damit dieser Prozess funktioniert, ist eine kontinuierliche Kommunikation zwischen und innerhalb der einzelnen Ebenen und Interessengruppen. Die gesamte Organisation muss laufend über Maßnahmen und Fortschritte informiert werden, damit Parallelarbeit, Missverständnisse und Konflikte möglichst vermieden werden. Hierfür zuständig ist in der Regel das interne Projektmanagement.

Wie die einzelnen Workshops im Kulturbetrieb konzipiert werden, ist abhängig von der Organisationsstruktur sowie von der Art und dem Umfang der Mitarbeiterbefragung. Typischerweise umfasst das Format 15 bis 20 Teilnehmer/innen, dauert etwa drei Stunden und kann exemplarisch wie folgt ablaufen (Pierenkemper 2016, S. 11):

1. *Begrüßung und Einleitung:* Begrüßung; Vorstellung des Ablaufs, der Ziele und der Spielregeln des Workshops
2. *Präsentation der Ergebnisse der Befragung:* Allgemeine Informationen zur Befragung (z. B. Aufbau und Design, Beteiligungsquote, auffällige Ergebnisse)
3. *Interpretation, Einordnung und Schlussfolgerungen:* ggf. detaillierte Analyse, schrittweise Ableitung einzelner Handlungsfelder, Diskussion und Erarbeitung geeigneter Maßnahmen zur Zielerreichung, Priorisierung der Einzelmaßnahmen
4. *Ausblick:* Vereinbarung von Zielen und Aktionen, Klärung von Verantwortlichkeiten und Erstellung eines Zeitplans (z. B. Folgeworkshops, Präsentation erster Ergebnisse)

Bei der Konzeption der Workshops stellt sich die Frage, wer diese leitet, die Ergebnisse präsentiert und die Diskussionen moderiert. In der Literatur wird vor allem im Falle von Mitarbeiterworkshops die eigene Führungskraft dafür vorgeschlagen. Das Hauptargument hierfür ist, dass der Follow-up-Prozess der Mitarbeiterbefragung von innen heraus erfolgen soll und somit Parallelstrukturen vermieden werden (Jöns & Müller 2007b, S. 56). Wir empfehlen dennoch, dass Führungskräfte die Workshops immer zumindest mit einer neutralen Person durchführen. Diese kann eine externe Kompetenz sein oder aus dem Kulturbetrieb stammen (z. B. aus der Personalabteilung). Wichtig ist, dass die neutrale Person die hierfür entsprechenden Fähigkeiten und Kompetenzen mitbringt (Organisationskenntnis, Softskills, Moderationsfähigkeiten, Fachkenntnis). Wenn Führungskräfte die Workshops allein moderieren sollten, werden im Vorfeld ein Coaching und ggf. weitere Vorbereitungen nötig sein, um sie auf ihre Rolle und Aufgaben vorzubereiten.

Die spezifischen Vor- und Nachteile der Moderation durch die Führungskräfte oder einer externen Person sind Tab. 2.4 zu entnehmen (u. a. Jöns & Müller 2007b, S. 62).

Tab. 2.4 Vor- und Nachteile der Moderation durch Führungskräfte und externe Personen

	Vorteile	Nachteile
Moderation Führungskraft	• Hohe Organisationskenntnis • Nähe zum Team • Umsetzung erfolgt von innen heraus • Parallelstrukturen werden vermieden	• Befangenheit der Führungskraft (hat selbst an der Befragung teilgenommen) • Rollenkonflikt (Moderator/in vs. Führungskraft) • Führungskraft kann durch Doppelrolle ihre Mitarbeiter/innen negativ beeinflussen • Probleme zwischen Führungskraft und Team können i. d. R. nicht sinnvoll bearbeitet werden • Häufig keine Fach- und Methodenkompetenz vorhanden • Evtl. Kosten für Coaching der Führungskräfte im Vorfeld
Moderation Neutrale Person bzw Externe Kompetenz	• Entlastung der Führungskraft (Fokus, Konzentration) • Fach- und Methodenkompetenz • Konflikte und Unterbewusstes können besser thematisiert werden • Führungskraft tritt nicht zu dominant auf (wie als Workshopleitung)	• Moderation kann als Einmischung in Interna gesehen werden • Geringere Offenheit der Beschäftigten gegenüber Fremden (auch wenn sie aus einer anderen Abteilung stammen) • Zusätzliche Kosten bei externer/m Moderator/in • Änderungswillen der Führungskraft wird angezweifelt • Moderator/in werden alle Verantwortlichkeiten zugeschoben

In großen Kulturbetrieben mit einer Vielzahl an Beschäftigten ist es schwierig, Workshops „flächendeckend" durchzuführen. Als Alternative können repräsentative Gruppen gebildet werden, die die Ergebnisse stellvertretend für ihre Kolleg/innen bearbeiten. Hierbei besteht jedoch die Gefahr, dass die beschlossenen Veränderungsmaßnahmen nicht von allen Beschäftigten mitgetragen werden.

2.3.2 Umsetzung der Maßnahmen

Wie die Maßnahmen nach der Planung genau umgesetzt werden können, hängt davon ab, was konkret geplant wurde. Grundsätzlich lassen sich die Veränderungsmaßnahmen grob in zwei Kategorien unterteilen:

1. *Quick-Wins* sind Ergebnisse, die sich relativ einfach ohne einen hohen Ressourcenaufwand (Zeit, Geld, Personal) umsetzen lassen. Das Erreichen von (ersten) kleinen Erfolgen, wie z. B. die Anschaffung einer Kaffeemaschine oder Spülmaschine für die Büroküche, hilft den Beschäftigten sich auch für diejenigen Veränderungsprozesse zu motivieren, die erst nach einiger Zeit Ergebnisse zeigen.
2. Bei *Long-Term Goals* handelt es sich um weitreichende und komplexe Vorhaben, die in der Regel viel Energie und Mühe erfordern (z. B. Aufbau eines internen Entwicklungsprogramms für die Führungskräfte).

Ein häufiger Grund für das Scheitern von Veränderungsprojekten ist, dass sie nicht über einen längeren Zeitraum kontinuierlich verfolgt werden (Bischof 2015, S. 166) und somit einzelne Maßnahmen nach und nach im Alltag des Kulturbetriebs versanden. Um dies zu verhindern, muss systematisch beobachtet werden, ob der Veränderungsprozess in der Organisation noch gelebt und von den Beschäftigten dauerhaft mitgetragen wird. Hierzu sollten die einzelnen Projekte und Aktionen begleitet und die Umsetzung der Maßnahmen kontrolliert werden. Es ist dabei hilfreich, die geplanten Maßnahmen vorab zu erfassen (z. B. in einem Excel-Dokument oder in einem digitalen Action Planner) und Zeiträume, Verantwortlichkeiten, Aufgaben und (Teil-)Ziele festzuhalten. Für das Monitoring ist in der Regel ein internes Team im Kulturbetrieb zuständig, das bei Bedarf von der externen Beratung unterstützt wird (siehe auch Kap. 3).

Damit die Bereitschaft zur Umsetzung von Veränderungen über einen langen Zeitraum erhalten bleibt, müssen die Maßnahmen nicht nur dokumentiert, sondern auch kommuniziert werden. Die einzelnen Aktionen und Projekte laufen häufig auf verschiedenen Ebenen ab, beginnen erst nach einigen Wochen oder Monaten oder laufen eher im Hintergrund ab (Borg 1995, S. 181). Damit die Mitarbeiter/innen nicht den Überblick verlieren, müssen sie kontinuierlich über den Fortschritt der einzelnen Maßnahmen informiert werden. Dabei gilt es aufzuzeigen, welche Veränderungen aus der Befragung und deren Ergebnissen entstanden sind. Dies kann die Akzeptanz der Beschäftigten nicht nur gegenüber einzelnen Maßnahmen erhöhen, sondern auch gegenüber der Mitarbeiterbefragung selbst und potenziell nachfolgenden Befragungen.

Die Kosten des Nachfolgeprozesses sind im Vergleich zu denen der beiden ersten Phasen nur schwer abschätzbar. So kann es etwa während der Maßnahmenerarbeitung vorkommen, dass noch größere strukturelle Hindernisse als gedacht identifiziert werden, die den Veränderungsprozess blockieren können, z. B. wenn die abteilungsübergreifende Zusammenarbeit nicht funktioniert, da das gesamte Informationssystem nicht zur Struktur des Kulturbetriebs passt (Bruder & Gering 2019, S. 10).

Auch wenn es deutlich günstiger ist, sollte auf die bottom-up Rückmeldung der Mitarbeiter/innen inklusive Workshops nicht verzichtet werden. Erfolgen die Veränderungsvorschläge nur top-down, zeigt dies häufig nur eine geringe Wirkung (Bischof 2015, S. 172).

Wird auf den Nachfolgeprozess gänzlich verzichtet, kann dies dauerhafte und weitreichende Schäden anrichten. Exemplarisch zeigt sich dies an einem Kommentar auf der Arbeitgeberbewertungsplattform *kununu*. Hier wurde ein Kulturbetrieb schlecht bewertet und anderen Nutzer/innen explizit nicht als Arbeitgeber weiterempfohlen. Besonders negativ wurden dabei die Bereiche Führungsverhalten und Arbeitsatmosphäre hervorgehoben. Die Frustration spricht aus den Verbesserungsvorschlägen, die der/die Nutzer/in dem Kulturbetrieb empfiehlt: „Tatsächlich handeln und verändern, als nur interne Statistiken und Mitarbeiterbefragungen durchzuführen (…)" (Kununu 2018).

Praxisbeispiel: Gestaltung der Follow-up-Phase
Wie Kulturbetriebe Nachfolgeprozesse konkret umsetzen, ist weitgehend unbekannt. Eine der wenigen Einrichtungen, die hierzu Informationen veröffentlicht hat, ist der *Norddeutsche Rundfunk* (NDR), dessen Follow-up-Phase im Folgenden kurz als Best-Practice-Beispiel skizziert wird.

Im Auftrag der Geschäftsleitung wurde im Frühjahr 2019 eine Mitarbeiterumfrage zum Thema „Sexismus am Arbeitsplatz" mit allen festen und freien Mitarbeiter/innen durchgeführt. Von den 5300 angeschriebenen Personen beteiligten sich 41 %.

Eine Auswahl der einzelnen Auswertungen wurde den Beschäftigten im Rahmen einer Belegschaftsversammlung vorgestellt, die in alle Landesfunkhäuser live übertragen und im Intranet gestreamt wurde. Weiterhin boten die Gleichstellungsbeauftragen bis Ende 2019 mehr als 50 Informationsveranstaltungen an, in denen kleinere Gruppen die Einzelergebnisse offen diskutieren konnten. Auch die Leitung des Hauses beschäftigte sich in mehreren Sitzungen und Klausuren mit den Ergebnissen.

Als Maßnahmen wurden u. a. die in der Umfrage geforderten ver-
pflichtenden Seminare für Führungskräfte von den Geschäftsführenden
beschlossen und bereits im November 2019 umgesetzt. Darüber hinaus
erarbeitete die Abteilung Personal zusammen mit der Gleichstellungsbeauftragen und dem Justiziariat eine Dienstanweisung zum Schutz vor sexueller
Belästigung am Arbeitsplatz. Über diese und weitere Maßnahmen können
sich die Beschäftigten im Intranet des NDR informieren. Hier werden auch
allgemeine Informationen zum Thema Sexismus am Arbeitsplatz und die
Kontaktdaten der Vertrauenspersonen veröffentlicht.

Für 2021 ist geplant, die neuen und die bereits bestehenden Maßnahmen
im NDR in einer Folge-Umfrage zu evaluieren (NDR 2020).

2.3.3 Evaluation

Am Ende des Follow-up-Prozesses sollten nicht nur die einzelnen Maßnahmen,
sondern das gesamte Befragungsprojekt evaluiert werden. Ziel der Evaluation
ist es, die Umsetzung und Wirkung sowie den Erfolg der Mitarbeiterbefragung
und ihrer Nachfolgeprozesse zu beurteilen und daraus wichtige Erfahrungen für
die Zukunft festzuhalten. Evaluationen können auf mehreren Ebenen stattfinden,
deren Auswertungen in ihrer Summe das gesamte Projekt abbilden (u. a. Linke
2019, S. 120 ff.; Müller et al. 2021, S. 109 ff.):

- Der *Befragungsprozess an sich* wird in der Regel durch das Projektteam untersucht. Dabei wird beispielsweise reflektiert, wie viel das Projekt letztendlich
  gekostet hat, ob der Zeitplan eingehalten werden konnte oder wie technische
  Probleme in Folgebefragungen vermieden werden können. Damit die Beteiligten auch noch einige Zeit nach dem Projektabschluss in der Lage sind,
  ihr Vorgehen zu rekonstruieren, empfiehlt es sich, Logbücher zu benutzen, in
  denen Ideen und Anmerkungen bereits während der Befragung festgehalten
  werden können (Linke 2018, S. 120).
- Die *Wirksamkeit* der Mitarbeiterbefragung sollte gemeinsam mit den Beschäftigten im Kulturbetrieb ermittelt werden. Dazu können zum einen Einzel- oder
  Gruppeninterviews geführt werden. Zum anderen ist es auch möglich, die Einstellungen der Teilnehmer/innen im Rahmen einer Folgemitarbeiterbefragung

oder einer kurzen Spezialumfrage (z. B. per Postkarte) festzustellen. In diesen Formaten sollten u. a. die Zufriedenheit der Mitarbeiter/innen mit der
Befragung, ihre Teilhabe am Projekt sowie ihre Wahrnehmung des Prozesses
abgefragt werden.

- Um die *Wirtschaftlichkeit* der Mitarbeiterbefragung zu messen, können harte
  und weiche Faktoren analysiert werden. Hierbei werden die Ergebnisse und
  Veränderungsprozesse mit den einzelnen Kennzahlen (z. B. aus der Balanced
  Scorecard) wie Besucherzufriedenheit, Fluktuation oder Anwesenheitsraten
  systematisch abgeglichen. Voraussetzung dafür ist, dass es möglich ist, die
  Wirkung der Mitarbeiterbefragung vom Einfluss anderer Merkmale auf den
  Erfolg zu trennen. Dazu müssen in der Regel mehrere Mitarbeiterbefragungen
  zu unterschiedlichen Zeitpunkten durchgeführt werden. Eine Wirtschaftlich-
  keitsanalyse ist sehr zeitaufwendig und methodisch komplex und findet daher
  in der Praxis selten umfassend statt (Linke 2018, S. 132).

Neben der Auswertung und Untersuchung der genannten Ebenen kann eine Eva-
luation auch herangezogen werden, um ein Projekt offiziell abzuschließen. Vor
allem bei langwierigen und komplexen Veränderungen, die langfristig im Arbeits-
salltag implementiert werden sollen, ist dies notwendig. Häufig ist bei diesen
Fällen unklar, wann das eigentliche Projekt „Mitarbeiterbefragung" genau endet.
Mit der Veröffentlichung und Präsentation der Evaluation, etwa in Form eines
Abschlussberichts, werden die Veränderungen festgehalten und sichtbar gemacht.
Der Nachweis der Erfolge, aber auch der Misserfolge kann die Beschäftigten für
Folgebefragungen motivieren (Borg 2000, S. 322).

Erfolgsfaktor Mitarbeiter- und Führungskräftebeteiligung

Mitarbeiterbefragungen stellen *Partizipationsinstrumente* dar, da die Beschäftigten durch sie die Möglichkeit erhalten, ihre Meinung zu bestimmten Themen zu äußern und aktiv an Veränderungen mitzuwirken (Hodapp 2017, S. 30). Eine Stimmungs- und Einstellungsabfrage reicht allein jedoch nicht aus, um die Mitarbeiter/innen automatisch für Veränderungen zu aktivieren. Vielmehr müssen sie in den verschiedenen Phasen des Projekts möglichst umfassend beteiligt werden.

In den vorangegangenen Ausführungen wurden bereits konkrete Schritte genannt, um die Rücklaufquote in der Erhebungsphase zu erhöhen (Kommunikation und Information im Vorfeld, Zusicherung von Anonymität und Freiwilligkeit, Reminder etc.). Nachfolgend werden nun Empfehlungen gegeben, um die Beschäftigten in die Befragung und die nachfolgenden Veränderungsprozesse zu involvieren und die allgemeine Partizipation im Kulturbetrieb zu erhöhen.

Ängste und Sorgen der Mitarbeiter/innen kennen

Mitarbeiterbefragungen sind ein Instrument, das den Beschäftigten mehr Mitsprache und Gestaltungsmöglichkeiten in ihrem eigenen Verantwortungsbereich geben soll. Dennoch wird in Kulturbetrieben nicht jede/r von der Aussicht auf eine Befragung begeistert sein. Potenzielle Gründe der Mitarbeiter/innen und Führungskräfte, nicht am Befragungsprojekt teilzunehmen, stellt Tab. 3.1 dar (u. a. Linke 2018, S. 59).

Die Ängste und Sorgen der Beschäftigten können sich von Kulturbetrieb zu Kulturbetrieb unterscheiden. So haben Führungskräfte in hierarchischen Strukturen besonders häufig Angst um ihre Stellung und Machtposition (Bungard 2007, S. 73). Wurden bereits einige Mitarbeiterbefragungen in einer Einrichtung durchgeführt, die wenige bis keine positiven Effekte hatten, sinkt dort die Bereitschaft der Mitarbeiter/innen, sich an weiteren Projekten zu beteiligen. Damit den jeweiligen

© Der/die Autor(en), exklusiv lizenziert an Springer Fachmedien Wiesbaden GmbH, ein Teil von Springer Nature 2022
A. Hausmann und L. Zischler, *Mitarbeiterbefragungen in Kulturbetrieben – Planung, Durchführung und Folgeprozesse,* essentials,
https://doi.org/10.1007/978-3-658-38014-4_3

Tab. 3.1 Bedenken der Mitarbeiter/innen und Führungskräfte

Mögliche Bedenken der Mitarbeiter/innen	Mögliche Bedenken der Führungskräfte
• Anzweifeln der Anonymität der Befragung • Angst vor negativen Konsequenzen • Sorge, dass neue Konflikte entstehen oder bestehende Probleme sich verschärfen • Zweifel, dass die Umfrage irgendeine positive Wirkung haben wird	• Angst vor schlechter Bewertung und deren Veröffentlichung im Gesamtbetrieb • Gefahr für die eigene Machtposition • Befürchtung eines fehlenden oder nicht nachweisbaren Kosten-Nutzen-Verhältnisses • Angst, dass das Befragungsprojekt zu viele der eigenen Kapazitäten bindet • Unbehagen gegenüber der eigenen Rolle im Projekt und im Rahmen des Nachfolgeprozesses

Bedenken positiv entgegengesteuert werden kann, müssen diese zuerst identifiziert werden. Hierfür eignen sich u. a. Workshops oder Interviews, die bereits im Vorfeld der eigentlichen Befragung stattfinden. In diesen haben bereits einige der Mitarbeiter/innen die Chance, zu Wort zu kommen und ihre Sorgen auszudrücken.

Es sei darauf hingewiesen, dass nicht auf alle Befindlichkeiten der Mitarbeiter/innen eingegangen werden kann. Es wird nicht möglich sein, allen Interessen im Projekt gerecht zu werden. Auch und gerade in Kulturbetrieben neigen Beschäftigte generell dazu, sich zu beschweren, manche mehr als andere. Aus diesem Grund ist es wichtig, an die Eigenverantwortung jedes/r Einzelnen zu appellieren. Für den Erfolg des Nachfolgeprozesses sind nicht die externen Prozessbegleiter/innen oder die Geschäftsführung (allein) zuständig; vielmehr sei erwähnt, dass die Mitarbeiter/innen selbst Verbesserungsvorschläge einbringen und diese nachfolgend auch mittragen und leben sollten.

Gründung einer Fokus-/Steuerungsgruppe

Je nach der Größe des Kulturbetriebs und dem Umfang des Projekts kann es sinnvoll sein, mehrere Beschäftigte in das Projekt einzubeziehen, um die Akzeptanz der Befragung in breiten Teilen der Belegschaft zu sichern und das Arbeitspensum auf mehrere Schultern zu verteilen. Diese Personengruppe, auch *Lenkungs-/Steuerungsgruppe* genannt, kommt punktuell in bestimmten Phasen des Projekts zusammen; sie kann einzelne Schritte mitgestalten oder den gesamten Prozess intern begleiten. Die Beschäftigten sollten wenn möglich aus unterschiedlichen Fachbereichen bzw. Interessensgruppen stammen und in der Lage sein, sich kurzfristig zu besprechen sowie im Idealfall Kenntnisse und Erfahrungen im Projektmanagement mitbringen. Damit diese Zusammenarbeit gelingen kann, sind klare Rollenverteilungen und Kommunikationsstrukturen unabdingbar. Um effizient arbeiten zu können, sollte das Team nicht mehr als 6–8 Mitarbeiter/innen umfassen. Je nachdem zu welchem Zeitpunkt die Lenkungs-/Steuerungsgruppe aktiviert wird, sind konkrete Aufgaben

- die Beratung der Projektleitung (Überblick über die internen Kompetenzen und Ressourcen),
- einzelne Prozessschritte vordenken und vorbereiten,
- Konflikte frühzeitig erkennen und ggf. lösen,
- die regelmäßige Kommunikation ins Haus und als Ansprechpartner fungieren,
- die Koordination der einzelnen Arbeits- und Projektgruppen und
- die Sicherung und Dokumentation von Prozessen und Maßnahmen.

Ob Steuerungs-/Lenkungsgruppe, Interviews oder Workshops – es ist außerordentlich wichtig, keine Person(engruppe) im Kulturbetrieb zu vergessen. Falls bestimmte Mitarbeiter/innen in die Befragung oder bestimmte Projektschritte nicht mit einbezogen werden sollen, muss dies immer methodisch begründet und transparent kommuniziert werden. Vor allem in Kulturbetrieben gilt zu beachten, dass Beschäftigte, deren Status in der Betriebshierarchie oftmals niedrig ist, häufig übersehen werden (etwa Kassenpersonal, Aufsichten, Schließservice etc.) (vgl. Wiesbauer 2015, S. 106 f.). Dies kann nicht nur zu neuen Konflikten führen oder bestehende verschärfen, sondern auch dem Befragungsprojekt nachhaltig schaden.

Mobilisierung der Führungskräfte
Wie bereits angesprochen, ist nicht nur die Beteiligung der Mitarbeiter/innen, sondern auch die der Führungskräfte für den Erfolg der Mitarbeiterbefragung immens wichtig (siehe auch Abschn. 1.3). Personen mit Leitungsfunktion nehmen im gesamten Projekt eine zentrale Rolle ein. Zu ihren vielfältigen Aufgaben gehören u. a. die Präsentation und Besprechung der Ergebnisse sowie die Anleitung der Beschäftigen bei der Maßnahmenableitung und -umsetzung. Gleichzeitig sind sie gefordert, im gesamten Prozess zu deeskalieren, zu vermitteln (z. B. zwischen Einzelinteressen oder Abteilungen) und ihre Mitarbeiter/innen für das Projekt zu mobilisieren und zu motivieren. Wie bereits ausgeführt, darf dabei nicht vergessen werden, dass Führungskräfte selbst Betroffene sind. Wie auch die anderen Beschäftigten können sie generell Angst vor Veränderungen haben oder die Beurteilung ihres Zuständigkeitsbereichs sowie des eigenen (Führungs-)Verhaltens fürchten.

Den Führungskräften sollte daher zu Beginn des Projekts offen kommuniziert werden, welche neuen Aufgaben durch das Befragungsprojekt auf sie zukommen

(z. B. in Workshops oder im Rahmen von Interviews). Es ist wichtig, dass die Führungskräfte das Vorhaben akzeptieren und bereit sind daran teilzunehmen. Darüber hinaus müssen sie auf die vielfältigen neuen Anforderungen, die auf sie zukommen vorbereitet werden. Sollten Fähigkeiten und Kenntnisse in den Bereichen Moderation, Diagnose, Kommunikation und Konfliktbewältigung nicht bei den Führungskräften im Kulturbetrieb vorhanden sein, empfehlen wir vorab Schulungen, Workshops und Coachings zu diesen Themen anzubieten (Jöns 2007, S. 101).

Erfolge feiern

Wie bereits angesprochen, sollte die Mitarbeiterbefragung so ansprechend wie möglich konzipiert werden, um die Rücklaufquote zu erhöhen. Für den Fragebogen bedeutet dies beispielsweise eine benutzerfreundliche Methode und ein ansprechendes Design zu wählen. Damit die Mitarbeiter/innen im Kulturbetrieb sich jedoch langfristig für das Projekt begeistern, sollten auch die Nachfolgeprozesse möglichst interessant und abwechslungsreich gestaltet werden. Aus diesem Grund empfiehlt es sich, die erreichten Meilensteine (Ergebnispräsentation, Halbzeit des Projekts etc.) zu feiern. Generell gilt: Das Befragungsprojekt macht nicht nur Arbeit, sondern sollte auch Spaß machen (Linke 2018, S. 67). Die Vorteile von gemeinsamen Aktivitäten bzw. Festivitäten sind vielfältig, u. a. können sie

- das Gemeinschaftsgefühl im Kulturbetrieb stärken und den internen Zusammenhalt fördern.
- über die Veränderungsprozesse, Projekte und Einzelmaßnahmen informieren.
- den Erfolg belohnen und die Leistungen der Beschäftigten im Befragungsprojekt wertschätzen.
- das Verständnis für die Arbeit der anderen Abteilungen erhöhen.
- die innerbetriebliche Kommunikation verbessern.
- die Leistungsbereitschaft und die Motivation der Beschäftigten zur Mitarbeit am Befragungsprojekt erhöhen.

Was Sie aus diesem *essential* mitnehmen können

- Mitarbeiterbefragungen können Kulturbetrieben viele wichtige Impulse geben, jedoch interessieren sich die Organisationen erst seit Kurzem verstärkt für das Tool, seit auch in diesem Sektor Themen wie Mitarbeiterbeteiligung und Arbeitszufriedenheit an Bedeutung gewinnen. Dieses *essential* vermittelt die wichtigsten Kenntnisse über Begriff, Ziele, Formen und Methoden sowie Interessensgruppen von Mitarbeiterbefragungen und erläutert praxisnah die Besonderheiten für den Kulturbetrieb.
- Mitarbeiterbefragungen müssen professionell gestaltet werden, um erfolgreich zu sein. Nach der Lektüre dieses *essentials* wird deutlich, wie Kulturbetrieben eine erfolgreiche Durchführung gelingen kann, sodass positive Veränderungen angestoßen werden können. In diesem *essential* werden die einzelnen Prozessphasen von Mitarbeiterbefragungen beschrieben und wichtige Aspekte (z. B. Kommunikation und Information, Datenschutz und Anonymität, Evaluation) praxisorientiert vorgestellt.
- Für die erfolgreiche Umsetzung von Mitarbeiterbefragungen ist die Beteiligung der Mitarbeiter/innen und der Führungskräfte essenziell. In diesem *essential* wird aufgezeigt, wie die Beschäftigten in die Befragung und die nachfolgenden Veränderungsprozesse involviert werden können und wie die allgemeine Partizipation im Kulturbetrieb erhöht werden kann.

© Der/die Herausgeber bzw. der/die Autor(en), exklusiv lizenziert an Springer Fachmedien Wiesbaden GmbH, ein Teil von Springer Nature 2022
A. Hausmann und L. Zischler, *Mitarbeiterbefragungen in Kulturbetrieben – Planung, Durchführung und Folgeprozesse,* essentials,
https://doi.org/10.1007/978-3-658-38014-4

Literatur

Becker, F. (2002). *Lexikon des Personalmanagements. Über 1000 Begriffe zu Instrumenten, Methoden und rechtlichen Grundlagen betrieblicher Personalarbeit* (2. Aufl.). Dtv.

Beidernikl, G. (2020). *Mitarbeiterbefragungen in Krisenzeiten.* https://www.hrweb.at/2020/03/mitarbeiterbefragungen-krisenzeiten/. Zugegriffen: 24. Sept. 2021.

Berzins, C. (2021a). *Herrscht im Opernhaus Zürich ein Klima der Angst?* https://www.tagblatt.ch/kultur/herrscht-im-opernhaus-zuerich-ein-klima-der-angst-ld.2117991. Zugegriffen: 9. Sept. 2021.

Berzins, C. (2021b). *Mehr als ein Viertel der Mitarbeitenden am Opernhaus Zürich erlebte bereits Machtmissbrauch.* https://www.tagblatt.ch/kultur/betriebsklima-mehr-als-ein-viertel-der-mitarbeitenden-am-opernhaus-zuerich-erlebte-bereits-machtmissbrauch-ld.2120713. Zugegriffen: 9. Sept. 2021.

Bischof, A. (2015). Nachfolgeprozess. In F. Gehring, J. Schroer, H. Rexroth, & A. Bischof, A. (Hrsg.), *Die Mitarbeiterbefragung. Wie Sie das Feedback Ihrer Mitarbeiter für den Unternehmenserfolg nutzen* (S. 155–173). Schäffer-Poeschel.

Borg, I. (1995). *Mitarbeiterbefragungen. Strategisches Auftau- und Einbindungsmanagement.* Hogrefe.

Borg, I. (2000). *Führungsinstrument Mitarbeiterbefragung. Theorien, Tools und Praxiserfahrungen* (2. Aufl.). Hogrefe.

Borg, I. (2002). *Mitarbeiterbefragungen – Kompakt.* Hogrefe.

Bruder, M., & Gehring, F. (2019). *Mitarbeiterbefragungen. Ein Überblick für Planer und Entscheider.* https://www.bpm.de/sites/default/files/bpm_service_mitarbeiterbefragungen_web.pdf. Zugegriffen: 16. Sept. 2021.

Brüggmann, M. (2015a). Kommunikationsplanung zur Mitarbeiterbefragung. In F. Gehring, J. Schroer, H. Rexroth, & A. Bischof (Hrsg.), *Die Mitarbeiterbefragung. Wie Sie das Feedback Ihrer Mitarbeiter für den Unternehmenserfolg nutzen* (S. 35–39). Schäffer-Poeschel.

Brüggmann, M. (2015b). Durchführung der Befragung. In F. Gehring, J. Schroer, H. Rexroth, & A. Bischof, (Hrsg.), *Die Mitarbeiterbefragung. Wie Sie das Feedback Ihrer Mitarbeiter für den Unternehmenserfolg nutzen* (S. 127–138). Schäffer-Poeschel.

Bungard, W. (2007). Mitarbeiterbefragungen – Und was passiert dann? In W. Bungard, K. Müller, & C. Niethammer (Hrsg.), *Mitarbeiterbefragung – Was dann...? MAB und Folgeprozesse erfolgreich gestalten* (S. 70–78). Springer.

Bungard, W. (2018). Mitarbeiterbefragung. In I. Jöns & B. Walter (Hrsg.), *Feedbackinstrumente im Unternehmen. Grundlagen, Gestaltungshinweise, Erfahrungsberichte* (2. Aufl., S. 173–190). Springer.

Domsch, M., & Ladwig, D. (Hrsg.). (2013). *Handbuch Mitarbeiterbefragung* (3. Aufl.). Springer.

Dpa. (2019). *Mecklenburgisches Staatstheater startet Mitarbeiterbefragung.* https://www.sueddeutsche.de/kultur/theater-schwerin-mecklenburgisches-staatstheater-startet-mitarb eiterbefragung-dpa.urn-newsml-dpa-com-20090101-190409-99-750597. Zugegriffen: 5. Okt. 2021.

Gairing, F. (2017). *Organisationsentwicklung: Geschichte – Konzepte – Praxis.* Kohlhammer.

Hausmann, A. (2019). *Cultural Leadership I. Begriff, Einflussfaktoren und Aufgaben der Personalführung in Kulturbetrieben.* Springer.

Hausmann, A. (2021). *Wirkungsvolle Organisations- und Leitbildentwicklung in Kulturbetrieben.* Springer.

Hausmann, A. (2022a). *Handbuch Personalführung in Kulturbetrieben.* Springer (in Planung).

Hausmann, A. (2022b). *Kulturmarketing* (3. Aufl.). Springer.

Hausmann, A., & Braun, O. (2021). *Recruiting in Kulturbetrieben – Leitfaden für die erfolgreiche Personalgewinnung.* Springer.

Hausmann, A., & Liegel, A. (2018). *Zur Repräsentation von weiblichen Führungskräften in Museen. Stand der Forschung und empirische Ergebnisse.* https://www.ph-ludwigsburg.de/fileadmin/phlb/hochschule/fakultaet2/kulturmanagement/PDF/Forschung/Studie_Wei bliche_Fuehrungskraefe_in_Museen.pdf. Zugegriffen: 15. Sept. 2021.

Hodapp, M. (2017). *Die Wirksamkeit von Mitarbeiterbefragungen. Untersuchungen der Einflussfaktoren auf Umsetzungsgrad und Effektivität von Mitarbeiterbefragungen und ihrer Folgeprozesse.* https://madoc.bib.uni-mannheim.de/42115/. Zugegriffen: 10. Sept. 2021.

Hossiep, R., & Frieg, P. (2008). *Der Einsatz von Mitarbeiterbefragungen in Deutschland, Österreich und der Schweiz.* https://www.researchgate.net/publication/267403904_Der_ Einsatz_von_Mitarbeiterbefragungen_in_Deutschland_Osterreich_und_der_Schweiz_A utoren. Zugegriffen: 16. Sept. 2021.

Hossiep, R., & Frieg, P. (2013). Mitarbeiterbefragungen in den 2000er Jahren: Eine Bestandsaufnahme. In M. Domsch & D. Ladwig (Hrsg.), *Handbuch Mitarbeiterbefragung* (3. Aufl., S. 57–75). Springer.

Jöns, I. (2007). Rolle der Führungskräfte. In W. Bungard, K. Müller, & C. Niethammer (Hrsg.), *Mitarbeiterbefragung – Was dann...? MAB und Folgeprozesse erfolgreich gestalten* (S. 97–104). Springer.

Jöns, I., & Müller, K. (2007a). Vorbereitung, Planung und Organisation von Mitarbeiterbefragungen. In W. Bungard, K. Müller, & C. Niethammer (Hrsg.), *Mitarbeiterbefragung – Was dann...? MAB und Folgeprozesse erfolgreich gestalten* (S. 13–27). Springer.

Jöns, I., & Müller, K. (2007b). Ergebnisrückmeldung und Maßnahmenableitung. In W. Bungard, K. Müller, & C. Niethammer (Hrsg.), *Mitarbeiterbefragung – Was dann...? MAB und Folgeprozesse erfolgreich gestalten* (S. 54–62). Springer.

Kramprich, S. (2021). *Mitarbeiterbefragungen anonym durchführen.* https://easy-feedback.de/blog/mitarbeiterbefragungen-anonym-durchfuehren/. Zugegriffen: 15. Sept. 2021.

Krüger, W., & Bach, N. (2014). *Excellence in Change: Wege zur strategischen Erneuerung* (5. Aufl.). Gabler.

Kununu. (2018). Behörde im neuen Gewand mit starren Hierarchiestrukturen. *Bewertungen von Bewerber/innen des Schlösserlands Sachsens.* https://www.kununu.com/de/schloesserland-sachsen/kommentare. Zugegriffen: 18. Sept. 2021.

Lewin, K. (1947). *Frontiers in group dynamics.* Concept, method and reality in social science; social equilibria and social change. *Human Relations, 1*(1) (S. 5–41).

Linke, R. (2018). *Mitarbeiterbefragungen optimieren. Von der Befragung zum wirksamen Management-Instrument.* Springer.

Marx, P. (2020). *Datenschutz bei Online-Umfragen: Wie macht man es richtig?* https://www.questionstar.de/blog/umgang-mit-personenbezogenen-daten-bei-online-umfragen/. Zugegriffen: 14. Sept. 2021.

Menold, N., & Bogner K. (2015). *Gestaltung von Ratingskalen in Fragebögen.* GESIS – Leibniz-Institut für Sozialwissenschaften (SDM Survey Guidelines). Mannheim.

Müller, K., Liebig, C., Jöns, I., & Bungard, W. (2007a). Mitarbeiterbefragung – Begriff, Funktion, Form. In W. Bungard, K. Müller, & C. Niethammer (Hrsg.), *Mitarbeiterbefragung – Was dann...? MAB und Folgeprozesse erfolgreich gestalten* (S. 6–13). Springer.

Müller, K., Liebig, C., Jöns, I., & Bungard, W. (2007b). Durchführung der Befragung. In W. Bungard, K. Müller, & C. Niethammer (Hrsg.), *Mitarbeiterbefragung – Was dann...? MAB und Folgeprozesse erfolgreich gestalten* (S. 27–54). Springer.

Müller, K., Kempen, R., & Straatmann, T. (2021). *Mitarbeiterbefragung Organisationales Feedback wirksam gestalten.* Hogrefe.

NDR. (2020). *Gleichstellungsbericht 2019. Informationsvorlage zur 656. Sitzung des NDR Verwaltungsrates am 20. März 2020. Punkt 12 der Tagesordnung.* https://www.ndr.de/der_ndr/unternehmen/organisation/gleichstellungsbericht106.pdf. Zugegriffen: 20. Sept. 2021.

Nürnberg, V. (2017). *Mitarbeiterbefragungen. Ein effektives Instrument der Mitbestimmung.* Haufe.

Pierenkemper, S. (2016). *Handlungsempfehlung Mitarbeiterbefragung.* https://www.kofa.de/fileadmin/Dateiliste/Publikationen/Handlungsempfehlungen/Mitarbeiterbefragung.pdf. Zugegriffen: 5. Sept. 2021.

Rexroth, H. (2015). Befragungsdesign. In F. Gehring, J. Schroer, H. Rexroth, & A. Bischof (Hrsg.), *Die Mitarbeiterbefragung. Wie Sie das Feedback Ihrer Mitarbeiter für den Unternehmenserfolg nutzen* (S. 95–107). Schäffer-Poeschel.

Selter, S. (2015). Projektmanagement in Mitarbeiterbefragungen. In F. Gehring, J. Schroer, H. Rexroth, & A. Bischof (Hrsg.), *Die Mitarbeiterbefragung. Wie Sie das Feedback Ihrer Mitarbeiter für den Unternehmenserfolg nutzen* (S. 42–49). Schäffer-Poeschel.

Schiersmann, C., & Thiel, H. (2018). *Organisationsentwicklung: Prinzipien und Strategien von Veränderungsprozessen* (5. Aufl.). Springer.

Scholl, A. (2018). *Die Befragung* (4. Aufl.). UTB.

Scholz, C., Müller, S., & Eichhorn, F. (Hrsg.). (2012). *Mitarbeiterbefragung. Aktuelle Trends und hilfreiche Tipps.* Hampp.

Thielsch, M., & Weltzin, S. (2013). Online-Mitarbeiterbefragungen. In M. Domsch & D. Ladwig (Hrsg.), *Handbuch Mitarbeiterbefragung* (3. Aufl., S. 77–94). Springer.

Wagner-Schelewsky, P., & Hering, L. (2019). Online-Befragung. In N. Baur & J. Blasius (Hrsg.), *Handbuch Methoden der empirischen Sozialforschung* (S. 787–800). Springer.

Werther, S., & Jacobs, C. (2014). *Organisationsentwicklung – Freude am Change.* Springer.

Wiesbauer, A. (2015). Organisationsentwicklung an einem Wiener Museum. Was können wir? Was wollen wir? *Handbuch Kulturmanagement, 1*(19), 97–114.

Wübbenhorst, K. (2018). *Repräsentativität.* https://wirtschaftslexikon.gabler.de/definition/ repraesentativitaet-51490/version-274652. Zugegriffen: 10. Sept. 2021.

Printed in the United States
by Baker & Taylor Publisher Services